Fay Smart / Jean Young

DIE FRAU NACH DEN GEDANKEN GOTTES

Christliche
Verlagsgesellschaft
Dillenburg

CIP-Titelaufnahme der Deutschen Bibliothek

Smart, Fay:
Die Frau nach den Gedanken Gottes / Fay Smart ; Jean Young. [Übers.: Paul Krumme. Bearb. von Dieter Boddenberg . . .]. – 4. Aufl. – Dillenburg : Christliche Verlagsgesellschaft, 1990.
Einheitssacht.:The woman who pleases God ‹dt.›
ISBN 3-921292-22-0
NE: Young, Jean: Boddenberg, Dieter [Bearb.]

4. Auflage 1990
ISBN 3-921 292-22-0

© 1977 by Emmaus Bible School, Oak Park, Illinois 60 301, USA
and German Translation 1979
Übersetzer: Paul Krumme, Hemer
Bearbeitet von Dieter Boddenberg, Else und Walter Pfeiffer
Herausgeber © 1981 Emmaus-Fernbibelschule (Christliche Verlagsgesellschaft)
Postfach 1251, D-6340 Dillenburg 1, Germany
Grafik: Eberhard Platte, Wuppertal
Gesamtherstellung: St.-Johannis-Druckerei, 7630 Lahr-Dinglingen
Printed in Germany   26215/1990

Inhalt

Vorwort

Die Hauptverantwortung aller Christen – Männer und Frauen – ist, den Platz zu finden, den Gott für sie bestimmt hat. Wir könnten keine größere Ehre haben, als das zu *sein*, was wir nach Gottes Willen sein sollen, und zu tun, was Er für uns vorgesehen hat. Was *ist* Gottes Wille für die Frauen? Der Zweck dieses Buches ist es, zu prüfen, was die Bibel über die Frauen sagt, um

1. Gottes Plan und Ziel mit den Frauen zu erkennen;

2. aus Beispiel und Unterweisung zu lernen, welche Wesenszüge Gott wohlgefällig sind;

3. die Grundsätze des Neuen Testamentes zu entdecken, die das Verhalten und die Stellung der Frauen bestimmen;

4. die Arten des Dienstes zu prüfen, die den Frauen in der Familie, in der Gemeinde, in der Welt und auf dem Missionsfeld offenstehen;

5. sich mit den geistlichen Gaben zu befassen im Hinblick auf persönliche Bewertung der Gabe und Zielsetzung gemäß Gottes Erwartungen.

Der verstorbene Peter Marshall hielt einmal eine Predigt mit dem Titel »Wächter der Quellen«. Er betonte, wie wichtig es ist, die kleinen Quellen schon hoch in den Bergen klar und frei von Verunreinigungen zu halten, wenn die Flüsse sauber und rein zum Segen der Menschheit sein sollen. Im wahrsten Sinne sind Frauen »Wächter der Quellen«, denn sie erziehen und beeinflussen die Kinder und formen die Charaktere derer, die die Führer der Zukunft sein werden. Das bedeutet Verantwortung und Vorrecht.

Möge Gott uns helfen, unseren Platz in seinem großen Plan zu finden und ihn zu ehren, indem wir seinen Willen tun.

1 Geschaffen mit einer Zweckbestimmung

(1. Mose 1 und 2)

In den ersten Kapiteln des 1. Buches Mose sehen wir Gott als den Schöpfer, der nach seinem fest umrissenen Entwurf und Plan arbeitet. »Und Gott sah alles, was er gemacht hatte, und siehe, es war sehr gut« (1. Mose 1, 31). Er sah, daß alles, was er gemacht hatte, nach seinem Plan lief – und »Gott ruhte« (1. Mose 2, 2). Es herrschte Ordnung, Friede und Zufriedenheit, als alles Geschaffene *das verrichtete, wozu es bestimmt war.*

Ebenso liegt auch für uns der Schlüssel zu einem glücklichen und erfüllten Leben darin, das herauszufinden, was wir nach Gottes Absicht sein sollen, wozu er uns befähigt hat, und dann freudig den Platz einzunehmen, den er für uns in seinem Plan bestimmt hat. Wenn er mit allen seinen Geschöpfen Pläne hat, dann hat er auch einen mit mir. Dann ist es zunächst einmal meine Aufgabe, und das ist auch ganz verständlich, die für mich bestimmte Stellung herauszufinden.

Den ersten Hinweis auf Gottes Absicht mit den Frauen gibt uns 1. Mose 1, 27–28: »Und Gott schuf den Menschen in seinem Bilde, im Bilde Gottes schuf er ihn; *Mann und Frau* schuf er sie.« Hier werden klar die beiden Geschlechter herausgestellt: Mann und Frau nach dem Bilde Gottes. »Und Gott segnete sie.« Es ist immer Gottes Wille gewesen, Männer und Frauen zu segnen. Laßt uns daran immer denken.

»Und Gott sprach zu *ihnen:* Seid fruchtbar und mehret euch und füllet die Erde und macht sie euch untertan; und herrscht über alles, was sich regt . . .«. Mann und Frau stehen hier gleich vor Gott, eins in Leben und Arbeit, eins in Beschaffenheit und Herrschaftsberufung, Gottes Stellvertreter auf der Erde.

In 1. Mose, Kapitel 2 werden uns Einzelheiten der Erschaffung des Menschen berichtet. Die Frau wird herausgestellt als eine in bedeutsamer Weise vom Mann verschiedenartige Persönlichkeit.

Wir müssen jedoch den Unterschied in bezug auf die Zeit, den Ort und den Zweck ihrer Schöpfung beachten.

Schöpfung der Frau

Die Bibel berichtet uns, daß Adam *zuerst* geschaffen wurde. »Gott bildete den Menschen, Staub von dem Erdboden, und hauchte in seine Nase den Odem des Lebens« (1. Mose 2, 7). »Und Gott nahm den Menschen und setzte ihn in den Garten Eden, ihn zu bebauen und zu bewahren . . . Und Gott sprach: Es ist nicht gut, daß der Mensch allein sei« (1. Mose 2, 15–18).
Adam, der erste Mensch, stand allein inmitten der Schönheit und der Lebensfülle des Gartens. Und erstmals im Verlauf der Schöpfung sagte Gott »es ist *nicht* gut«. Adam war ein geselliges Wesen, geschaffen, um mit Seinesgleichen zusammenzuleben, und dieses Zusammenleben brauchte er. Aber in der ganzen Schöpfung war kein Wesen, das ihm entsprach, das auf seinem Niveau stand (1. Mose 2, 20). Daher sprach Gott: »Ich will ihm eine Hilfe machen, seines Gleichen« (zu ihm passend) (1. Mose 2, 18).
Gott ließ den Mann in einen tiefen Schlaf fallen und nahm aus seiner Seite Rippe und Fleisch; aus diesen baute Gott eine Frau. Sie war nicht, wie der Mann, von Staub *(adamah)* gemacht; sie war vom Mann *(adam)* gemacht. Sie war von seiner Art – Gebein von seinem Gebein und Fleisch von seinem Fleisch (1. Mose 2, 23). Die Frau, das Ergebnis von Gottes schöpferischer Arbeit und Geschicklichkeit, wurde *für* den Mann und *von* dem Mann gemacht und ihm zugeführt als sein Gegenstück und seine Gefährtin, als seine Ergänzung – das, was ihn vervollständigte.

Bedeutung der Schöpfungsordnung

Hat die Reihenfolge der Schöpfung – zunächst der Mann, dann die Frau – eine Bedeutung? Ja, so sagt uns das Neue Testament. Paulus schrieb an Timotheus: »Ich erlaube aber einer Frau nicht, zu lehren, noch über den Mann zu herrschen, sondern still zu sein. *Denn Adam wurde zuerst gebildet, danach Eva*« (1. Tim. 2, 12–13). In bezug auf das Thema »Vorrangstellung« sagt 1. Korinther 11: ». . . das Haupt der Frau ist der Mann . . . Denn der Mann ist nicht von der Frau, sondern die Frau vom Manne, denn der Mann wurde nicht um der Frau willen geschaffen, sondern die Frau um des Mannes willen« (1. Kor. 11, 3. 8. 9).

Ganz offensichtlich ist also ein stellungsmäßiger Unterschied zwischen dem zuerst Gebildeten, der das »Haupt« sein soll, und der danach Gebildeten, die »nicht über ihn herrschen« soll. Diese Tatsache mindert nicht den Wert oder die Würde der Frau als einer Person in Gottes Augen. In einer Gesellschaft von Gleichen muß einer die Führung übernehmen.

Zweck der Erschaffung der Frau

Gott stellte klar seinen Plan heraus, als er die Frau schuf. Sie sollte dem Mann eine »Hilfe« sein. Das Wort, das mit »Hilfe« übersetzt wird, hat nicht die Nebenbedeutung von »untergeordnet sein«. Dasselbe Wort, das 21 mal im Alten Testament steht, wird 16 mal gebraucht, wenn von einem Übergeordneten gesprochen wird, oft von Gott selbst (z. B. 1. Mose 49, 25; 2. Mose 18, 4). Die Frau sollte Adams Würde und Ruhm als Herrscher über die Erde teilen; sie sollte ihm helfen, seine ihm von Gott bestimmte Rolle auszufüllen (1. Mose 1, 28). Gott selbst »brachte sie zu dem Manne« (1. Mose 2, 22), und Adam rief aus: »Diese *endlich* entspricht meiner Art.« Hier wird nichts davon gesagt, daß die Frau Kinder gebären soll, sie wird hier allein für sich erwähnt, als die, welche Adams Gedanken, Reden und Persönlichkeit teilen konnte, da sie tatsächlich sein Leben und seine Wesensart teilte. Nach seinem weisen Vorsatz schuf Gott Mann und Frau. *Er* setzte dort die Unterschiede (Matth. 19, 4). Die Geschlechter sollten sich durch ihre Verschiedenartigkeit ergänzen, nicht befehden.

Bei aller Anerkennung des Vorrechtes und der ehrenvollen Stellung der Frau ist wohl zu beachten, daß der Zweck ihrer Schöpfung in bezug auf den Mann zu sehen ist. Sie war nicht allein auf der Erde. Sie wurde geschaffen, um Adams »Hilfe« zu sein. Später als Adam geschaffen, aus ihm gebildet, für ihn gemacht – war er es, der für sie das Leben sinnvoll machte – aber ohne sie war er unvollkommen. Sie war die Ergänzung zu ihm, wichtig für sein ganzes Sein. Durch die Reihenfolge der Schöpfung Mann – Frau bringt Gott seine Ordnung in bezug auf Stellung und Autorität zum Ausdruck. Der zuerst Geschaffene soll die führende Stellung einnehmen, die danach und aus ihm Geschaffene soll ihm folgen und ihn unterstützen. Der Mann wurde nicht geschaffen, um zu helfen oder Stütze für die Frau zu sein, sondern umgekehrt. Das ist die von *Gott* bestimmte Ordnung.

Wie können Sie nach Gottes Willen Ihrem Mann helfen? Denken Sie sorgfältig darüber nach. Leisten Sie ihm verständnisvolle Hilfe. Machen Sie es ihm nicht schwer, ein Mann zu sein, wie Gott ihn haben will! Achten Sie die Ältesten der Gemeinde, und arbeiten Sie mit ihnen zusammen. Helfen Sie ihnen bei der Arbeit, zu der Gott sie berufen hat.

Die Ehe

Nachdem die Frau geschaffen worden war und Adam sie erfreut als sein wahres Gegenstück erkannt hatte, wird uns Gottes Vorstellung von der Ehe gezeigt: »Darum wird ein Mann seinen Vater und seine Mutter verlassen und seiner Frau anhangen, und sie werden ein Fleisch sein« (1. Mose 2, 24). Die Ehe ist die älteste menschliche Einrichtung, von Gott verordnet und zum Wohle der Menschheit vorgesehen. Beachten Sie, daß die Ehe nicht eine *christliche* Einrichtung, nicht eine kirchliche Verordnung ist, sondern daß sie ganz am Anfang der Menschheitsgeschichte steht. Sie soll dem Wohl aller Völker dienen, unabhängig davon, ob diese eine religiöse Glaubensgrundlage haben oder nicht.

In den Richtlinien für die Ehe nach 1. Mose 2, 24 betonen die Worte »verlassen« und »anhangen« den *ausschließlichen* und *lebenslänglichen* Charakter dieser Beziehung, so, wie sie nach Gottes Absicht sein soll. Dadurch, daß sie »ein Fleisch« werden, errichten Mann und Frau eine neue und dauerhafte Einheit innerhalb der Gesellschaft, und dafür verlassen sie ihre Verwandtschaft. Einehe ist Gottes Plan – *ein* Mann *einer* Frau anhangend, und beide ergänzen sich einander in jeder Lebenslage, sie wirken als eine Einheit. Dies ist ein *unauflösliches* Verhältnis.

In den Evangelien wird berichtet, daß der Herr Jesus die Grundsätze von 1. Mose 2, 24 nochmals darlegte. Lesen Sie Matthäus 19, 4–6 und Markus 10, 6–9. Er schloß mit den Worten: »... so sind sie nicht mehr zwei, sondern ein Fleisch. Was nun Gott zusammengefügt hat, soll der Mensch nicht scheiden.« Damit betonte er die *lebenslängliche* Dauer dieses Verhältnisses. Die Ehe ist nicht eine Verbindung, die man sorglos eingeht und aus der man mühelos herauskommt. Sie sollte ein feierliches Gelöbnis des Mannes der Frau und der Frau dem Mann gegenüber sein – für das ganze Leben. Auch Paulus bestätigt 1. Mose 2, 24 in Epheser 5, 31. Dieser mehrmalige Hinweis in der Bibel betont die Bedeutung des festgelegten Grundsatzes.

Diese Bindungen sind nicht so zu sehen, als habe Gott die Absicht, unsere Freiheit zu begrenzen oder unser Glück einzuschränken. Er, der uns geschaffen hat, weiß am besten, was der Ordnung menschlichen Zusammenlebens Bestand und seinen Geschöpfen Freude und Segen bringt.

Persönliche Fragen zum Nachdenken

Schreiben Sie hier Ihre Antworten auf diese Fragen.
1. Lehrt die Bibel, daß die Frau minderwertiger ist? Fühle ich mich minderwertiger? Warum?

_____

_____

_____

2. Wie kann ich zeigen, daß ich die Führungsrolle des Mannes in meinem Leben anerkenne?

_____

_____

_____

	Ja	Nein
3. Ist meine Ehe das, was sie nach Gottes Willen sein soll?	☐	☐
Wenn nicht, ist meine Haltung teilweise zu beanstanden?	☐	☐
Weigere ich mich, meine Rolle als Gehilfin anzuerkennen, und möchte ich führen?	☐	☐
Prüfen Sie sich genau. Lehnen Sie sich auf gegen die Rolle, die Gott Ihnen als Frau zugewiesen hat?	☐	☐

Beten Sie zu Gott, daß er Ihnen die rechte Herzenseinstellung geben möchte, daß Ihr Geist sich ihm fügen möchte und Sie bemüht sein möchten, seinen Plan in Ihrem Leben zur Wirksamkeit kommen zu lassen.

Mein persönliches Gebet:

_____

_____

_____

_____

_____

2 Sünde und ihre Folgen

(1. Mose 3)

Bevor Sie 1. Mose 3 studieren, lesen Sie nochmals Kapitel 2, 16–17. Beachten Sie, wie deutlich Gottes Anweisung war: Du *darfst! Du sollst nicht!* Dazu wird vor Ungehorsam gewarnt und eine dann eintretende Strafe angekündigt. Der Mensch wird einer Prüfung unterzogen. Er hatte die Wahl, Gott zu lieben und zu gehorchen oder sich selbst zu gefallen und Gott ungehorsam zu sein. (Wie oft machen wir es bei vielen Gelegenheiten in unserem Leben wie Adam und Eva!)

Wir wissen nicht, wie lange Adam und Eva in Frieden und Eintracht in dem herrlichen, fruchtbaren Garten lebten, in den Gott sie gesetzt hatte. Aber eines Tages wurde die Harmonie gestört – und die Frau verursachte die Tragödie! Ging sie vielleicht nachdenklich um den verbotenen Baum inmitten des Gartens herum? Spielte sie mit dem Gedanken, welchen Genuß er ihr bieten könnte? Dann würde der Versucher leichtes Spiel mit ihr gehabt haben, denn er wartete zweifellos auf jede Gelegenheit. Wir müssen soweit wie möglich von der Versuchung fernbleiben, dürfen niemals mit dem liebäugeln, was zur Sünde führen könnte!

Die Versuchung

Durch listige Fragestellung und Lügen führte die Schlange Eva dahin, an Gottes Wort und seiner Liebe zu zweifeln. »Hat Gott euch etwas vorenthalten? Warum? Nichts Böses wird geschehen, wenn ihr davon eßt. Gott will ganz einfach nicht, daß ihr so seid, wie er. Die Frucht ist köstlich – schaut mal, wie schön sie aussieht – und sie wird euch klug machen!« So reizte die Schlange nicht nur die Eßlust, sondern auch die Eitelkeit.

Die Sünde

Wie reagierte die Frau? Sie *dachte* über diesen Vorschlag *nach! Gott hatte gesprochen.* Welches Recht hatte sie, Gottes Wort anzuzweifeln? Eva sündigte in dem Augenblick, als sie Satan statt Gott glaubte. Gott hatte gesagt: »Du wirst gewißlich sterben.« Die Schlange sagte: »*Mitnichten* werdet ihr sterben!« Eva hörte auf eine andere als Gottes Stimme; sie wollte das haben, was Gott verboten hatte. Sie wandte sich ab von Gottes Angebot und vom Vertrauen in seine Liebe und öffnete sich für die Verführung Satans, nahm die Frucht, aß davon und verführte auch ihren Mann zur gleichen Sünde.

In ganz ähnlicher Weise näherte sich tausende von Jahren später Satan dem Herrn Jesus in der Wüste, um ihn zu versuchen (Matth. 4, 1–10). Dreimal trat er an ihn heran mit der Aufforderung eigenmächtig etwas für sich zu nehmen, was Gott ihm nicht gegeben hatte. Dreimal widerstand der Herr Jesus, indem er Gottes Wort zitierte und sich allein darauf stützte. *Er* diskutierte nicht mit Satan.

Auch heute wendet Satan die gleiche Taktik an, wenn er uns versucht. Er gaukelt uns die glitzernen Dinge dieser Welt vor, um in uns die Lust danach zu wecken. Der Apostel Johannes warnt uns: »Liebet nicht die Welt, noch was in der Welt ist . . . die Lust des Fleisches (Eva sah, daß die Frucht des Baumes gut zur Speise war), und die Lust der Augen (sie sah, daß sie eine Lust für die Augen war), und der Hochmut des Lebens (sie war begehrenswert, um klug zu machen) ist nicht von dem Vater, sondern ist von der Welt« (1. Joh. 2, 15–16). Unsere Kraft, der Versuchung zu widerstehen, kommt aus der Kenntnis des Wortes Gottes und aus der Entschlossenheit, Gottes Willen über alles zu achten.

Eva sündigte nicht nur gegen Gott, sondern auch gegen Adam, weil sie unabhängig von ihm handelte. Sie nahm die führende Stellung ein, die allein ihm nach Gottes Willen zustand – und welche Tragödie ergab sich daraus! Wenn wir Gottes Ordnung übertreten und die uns zugewiesene Rolle verlassen, sind Unordnung und Kummer die sicheren Folgen.

Die Folgen

Die ersten unmittelbaren Folgen der Sünde waren Scham und Schuldgefühl. Sie traten an die Stelle des bisherigen Zustandes der Unbefangenheit und Unschuld. Das erste Symptom der Sünde zeigte sich in dem Verhältnis Mann – Frau (1. Mose 3, 7). Die Schlange hatte ihnen weiter versprochen, daß sie Gutes und Böses erkennen würden, und so geschah es. Sie erkannten nun das Gute, hatten aber nicht die Kraft, es zu tun, und sie erkannten das Böse, und hatten ebensowenig die Kraft, ihm zu widerstehen! Die schlimmste, sich erst in der Zukunft auswirkende Folge der Sünde war der *Tod, wie Gott es gesagt hatte.*

Wir unterscheiden drei Phasen des Todes:
1. Trennung von Gott, wie sie Adam und Eva unmittelbar erfuhren,
2. physischer Tod, der Jahre später eintrat,
3. ewiger Tod, ewige Trennung von Gott, die die Strafe für die ist, die Gottes später folgendes Heilsangebot ablehnen. Der Mensch wollte sein wie Gott (1. Mose 3, 5). Damit verurteilte er sich jedoch selbst zum Tode und zur Rückkehr zum *Staub.*

Beachten Sie die Gegenüberstellung, die wir in Philipper 2, 5–11 finden: Der Herr Jesus, »der in Gestalt Gottes war, achtete es nicht für einen Raub, Gott gleich zu sein, sondern machte sich selbst zu nichts . . . Darum hat Gott ihn auch hoch erhoben.« – So gilt uns das Wort: »Demütigt euch nun unter die mächtige Hand Gottes, auf daß er euch erhöhe« (1. Petr. 5, 6).
Der Sündenfall zerstörte das glückliche Verhältnis zwischen Mensch und Gott. Nun fürchteten sich der Mann und die Frau vor Gott, und sie versuchten, sich vor ihm zu verstecken. Gott rief sie, und ist in seiner Gnade seit diesem Tage immer den Menschen nachgegangen, um ihnen zu helfen und sie trotz ihrer Sünde zu segnen.

Die Strafe

Mit allen drei Personen, die in dieses Drama verwickelt waren, ging Gott ins Gericht. Er verfluchte die Schlange und den Erdboden (1. Mose 3, 14. 17), aber nicht den Mann oder die Frau. Er stufte die Schlange in eine niedrigere Lebensform ein, Symbol für den Sturz Satans, der »die alte Schlange« genannt wird (Offb. 12, 9): und sprach das Urteil über Satan: »Der Nachkomme der Frau wird dir den Kopf zermalmen« (1. Mose 3, 15).

Der Gerichtsspruch über den Mann bestand darin, daß seine *Arbeit* nun von Mühe, Plagen und Überdruß begleitet sein würde und am Ende sein Leib zum Staub, aus dem er gemacht worden war, zurückkehren sollte. Das Urteil über Eva bezog sich in erster Linie auf ihr Dasein als Frau und Mutter (1. Mose 3, 16). Die ihr eigene und gesegnete Funktion, *Mutterschaft*, sollte mit Mühsal und Schmerzen verbunden sein. Im Orient hatte die Frau immer den größten Wunsch, Kinder zu besitzen. Dieser Wunsch sollte ihr erfüllt werden, aber gepaart sein mit Leiden – als Erinnerung daran, daß Leiden durch die Sünde verursacht sind. Das Verhältnis zu ihrem Mann wurde anders: Sie würde unter seiner Herrschaft stehen und von ihm abhängig sein. In der Versuchung hatte Eva die Führungsrolle in ihrer Ehe übernommen. Gottes Strafe ist nun ihre untergeordnete Stellung gegenüber dem Mann.

Seit dem Sündenfall ist es das Los der meisten Frauen, sich nach der Ehe zu sehnen, aber in ihr unter der Herrschaft des Mannes zu leben. Bis zu diesem Zeitpunkt wird keine Unterordnung erwähnt, obwohl die Schöpfungsordnung für Adam die führende Stellung vorsah. Nun heißt es »er wird über dich *herrschen*« (1. Mose 3, 16). Besonders in den heidnischen Ländern ist das Leben der Frau von Unterwürfigkeit und Erniedrigung gekennzeichnet. Dieses änderte sich erst von Grund auf, als das Christentum seinen verändernden Einfluß geltend machte.

Das Wort für »Mühsal« in den Versen 16 und 17 bedeutet Arbeit oder Plagen, und so war in dieser Hinsicht das Urteil über den Mann und die Frau gleich hart. Arbeit bis hin zum Überdruß, Qual und Mühsal sollten nun ihr Los sein.

Aber beachten Sie, wie die Gnade Gottes auch in die dunkelste Situation hineinstrahlt. Obwohl die Frau zuerst gesündigt hatte, erfährt sie die Ehrung einer besonderen Rolle in Gottes Erlösungsplan. Ihr Nachkomme sollte Satan besiegen. Der Nachkomme Evas (»Same des Weibes«), die das Opfer der Schlange geworden war, sollte sie – die Schlange – vernichten (1. Mose 3, 15)! Wir sehen die Erfüllung dieser Verheißung in Hebräer 2, 14: »Weil nun die Kinder Blutes und Fleisches teilhaftig sind«, wurde auch der Herr Jesus *Mensch* (geboren von einer Frau), »auf daß er durch den Tod den zunichte machte, der die Macht des Todes hat, das ist den Teufel!«

Die Stellung der Frau heute

In einer von Gott abgefallenen Welt, die von der sündigen menschlichen Natur beherrscht wird, ist es notwendig, daß eine Autorität besteht und erhalten bleibt. Dies gilt für die Familie ebenso wie für eine Gemeinschaft oder ein Volk. Der von Gott aufgestellte Grundsatz, daß der Mann das Haupt in Ehe und Familie sein soll und die Verantwortung für sie trägt, gilt zum Wohle dieser Gemeinschaftsformen. Jede Frau, die eine vorbildliche Ehe führen will, tut gut daran, dies zu beachten. Für die gläubige Frau finden wir im Neuen Testament weitere Anweisungen:
»Ihr Frauen, ordnet euch euren eigenen Männern unter als dem Herrn. Denn der Mann ist das Haupt der Frau, wie auch der Christus das Haupt der Gemeinde ist« (Eph. 5, 22–23). Dies wird in einer späteren Lektion im einzelnen behandelt. Wir möchten hier nur betonen, daß dies ein beständig gültiger Grundsatz ist, der uns Gottes Segen einbringt. Welche Frau möchte denn wirklich die Bürde auf sich nehmen, für die ganze Familie Entscheidungen zu treffen und die volle Verantwortung zu tragen? Gott »kennt unser Gebilde« (Ps. 103, 14). Er hat für die Frau den Dienst des Helfens vorgesehen – und sie entsprechend bereitet – und ihr nicht die leitende Stelle in der Familie zugewiesen.
In den ersten Kapiteln des ersten Buches Mose ist nichts in bezug auf die unverheiratete Frau gesagt. Die Ehe war das Normale für die Frauen, und ist es noch. Und doch geht aus der Schöpfungsordnung und ihrer Zweckbestimmung klar hervor, daß die Frau die Rolle des Helfens und Ergänzens hat – »eine *Hilfe* passend für den Mann«.

Elisabeth Elliot schreibt: »Ich halte nicht alle Männer für so stark, so intelligent, so kompetent und so tugendhaft oder heilig, daß sie eine vorzüglichere Stellung verdienen. Ich sehe ganz einfach, daß ihnen die Stellung zusteht, nicht auf Grund von Verdienst, sondern durch Bestimmung.«[1]

Fällt uns Frauen der Gedanke an Unterordnung schwer? Zweifeln wir an der Liebe Gottes, wenn er sie für uns anordnet? Dann laßt uns Gott um Hilfe bitten, unsere Stellung so anzunehmen. Der Weg zu einem Leben in Frieden, Glück und Ruhe führt durch Unterordnung unter Gottes Willen auf jedem Gebiet. Der Herr Jesus selbst sagte: »nicht wie ich will, sondern wie du willst« (Matth. 26, 39). Er sagte auch: »Nehmet auf euch mein Joch, und lernt von mir, denn *ich* bin sanftmütig und von Herzen demütig – und ihr werdet Ruhe finden für eure Seelen« (Matth. 11, 29).

1 Elisabeth Elliot Leitch »A Christian View of Women's Liberation«, *Interest*, November 1975.

Persönliche Fragen zum Nachdenken

1. Ziehe ich es schon einmal vor, mir selbst zu gefallen, selbst, wenn ich damit Gott ungehorsam bin? Was ist dann die Folge, auch bei kleinen Dingen? Freude – oder Unruhe?

   _____

   _____

   _____

2. Wie verhalte ich mich bei Versuchungen, zum Beispiel Verlockungen, Unrecht zu tun, Vorstellungen, die keinen Nutzen bringen? Denke ich über sie nach, ziehe ich sie in Erwägung, spiele ich mit ihnen?

   _____

   _____

   _____

3. Wir haben gelesen, daß Leid und Kummer eintrat, als Eva Gottes Ordnung verließ und selbst die Führung übernahm. Glaube ich wirklich, daß Unordnung und Kummer eintreten werden, wenn *ich* die Rolle verlasse, die Gott mir als Frau zugewiesen hat?

_____

_____

_____

Beten Sie dafür, daß die ungeheuren Folgen der Sünde und des Ungehorsams Gott gegenüber erkannt werden. Es gibt keine »kleinen« Sünden. Beten Sie dafür, daß die Herzen sich Gottes Willen unterordnen. »Wird etwa das Geformte zu dem Former sagen: Warum hast du mich so gemacht?« (Röm. 9, 20).

Mein persönliches Gebet

_____

_____

_____

_____

_____

3   Lehren aus der Vergangenheit

Oft benutzt Gott das Leben einfacher Männer und Frauen und einfache menschliche Erfahrungen, um durch sie seine Pläne auszuführen. In den Berichten des Alten Testamentes finden wir die Namen von Frauen, die aus dem einen oder anderen Grund hervortreten. Wir wollen uns mit einigen von ihnen beschäftigen, um zu sehen, was wir von ihnen lernen können. Einige von ihnen arbeiteten *mit* Gott, einige *gegen* ihn.

Frauen, die mit Gott arbeiteten

Eine der frommen und geistlich gesinnten Frauen des Alten Testamentes ist Jokebed, die Mutter Moses. Der schlichte Bericht in 2. Mose 2, 1–10 schildert uns, was für eine Frau sie war. Sie hatte ein feines *Einfühlungsvermögen* (»sie sah, daß das Kindlein schön war«), dazu *Mut* (»sie verbarg es drei Monate«), – (sie »fürchtete das Gebot des Königs nicht«) – Hebr. 11, 23. Sie besaß *Tatkraft* (sie machte ein Kästlein von Schilfrohr, legte das Kind hinein, und versteckte es im Schilf am Ufer des Stromes, wo die Schwester des Kindes wartete, um zu beobachten, was damit geschah), und sie zeichnete sich aus durch *Glauben* (Hebr. 11, 23). In den Wesenszügen ihres Sohnes lernen wir die Mutter noch näher kennen. Wie kam es, daß Mose, als er herangewachsen war, dem Königspalast den Rücken zuwandte und lieber mit dem Volke Gottes, das er als sein Volk bezeichnete (Hebr. 11, 23–25), Ungemach leiden wollte? Wer belehrte ihn über Gott, über das auserwählte Volk Gottes, über Gottes Verheißung, es aus der Knechtschaft in Ägypten zu befreien? Sehen wir nicht, wie die gläubige Mutter das kleine Kind in den wenigen ihr zur Verfügung stehenden Jahren geduldig lehrte und daß diese Belehrungen nach langer Zeit Frucht trugen? Mose wurde zu einem der größten Männer der Geschichte – und seiner Mutter war die Aufgabe anvertraut, ihn zu formen, seinem Leben die Richtung zu weisen. *Diese Frau arbeitete mit Gott.*

Etwa zwei Jahrhunderte später suchte Gott einen Mann, der sein Volk führen sollte. Israel war in einem Zustand des Verfalls und der Verwirrung. Gott brauchte einen *Samuel*. Deshalb begann er mit einer Frau des Glaubens und des Gebets (1. Sam. 1, 1–2, 11): Hanna.

Sie war kinderlos. Das bedeutete in jenen Tagen Schmach und Unglück, und so suchte sie die Hilfe Gottes. Sie betete lange und ernsthaft um »einen Sohn«, den sie dann dem Herrn weihen wollte. Gott schenkte ihr Samuel, und mit liebender Sorgfalt bereitete sie ihn auf die Aufgabe vor, die er übernehmen sollte. Sein Leben verlief anders als das anderer Knaben. Er mußte Heimat und Familie verlassen und wurde abgesondert, um Gott zu dienen. Welche Belehrungen muß sie ihm mitgegeben haben – über die Heiligkeit Gottes, über Selbstverleugnung und Opfer, über die Ehre seiner Berufung. Und welch ein Vorbild war sie selbst!

Denken Sie einmal darüber nach, was es Hanna gekostet haben mag, auf den kleinen Samuel zu verzichten, das Kind, auf das sie so lange gewartet hatte. Wer würde im Tempel für ihn sorgen? Eli, der Priester, war hoch betagt, und seine Söhne waren böse. Wie konnte sie ihn an solch einem Platz lassen? Aber Hanna hatte ein Gelöbnis abgelegt, das sie auf jeden Fall halten wollte. Als sie Samuel im Tempel zurückließ, weinte sie nicht, sondern verherrlichte Gott in einem Lied (1. Sam. 2, 1–11), welches zu den schönsten der hebräischen Literatur gehört. Es ist voll Lob über Gottes Güte, die er demütigen und aufrichtigen Herzen erweist.

Gott benutzt auch heute noch Menschen, um durch sie zu wirken. Sind wir bereit, um seinetwillen das aufzugeben, was uns wertvoll erscheint? Hanna tat es frohen Herzens. Ihr Sohn wurde Richter und Prophet – ein Segen für das ganze Volk. Und Gott segnete Hanna, indem er ihr weitere Kinder schenkte (1. Sam. 2, 21).

Hanna arbeitete mit Gott

Im Gegensatz zu Jokebed und Hanna, zwei Müttern, die wegen ihrer Söhne bekannt wurden, hatte *Debora* eine Vorrangstellung in Israel, wie sie für eine Frau ungewöhnlich war (Richt. 4, 4). Zu ihrer Zeit war kein König in Israel. Das Volk hatte Gott verworfen und war heidnischen Göttern nachgefolgt. Daher hatte Gott sie »in die Hand ihrer Feinde verkauft« (Richt. 2, 14). Immer, wenn das Volk in seiner Not zu Gott schrie, erweckte er ihnen Richter, um sie zu befreien. Aber immer wieder kehrten sie zum Götzendienst zurück. Zur Zeit Deboras wurde Israel von Jabin, dem König der Kanaaniter, unterdrückt, dessen Heeroberster Sisera war. Die Bibel sagt, daß Debora eine Prophetin war. Sie hatte geistliche Einsicht, Gottes Stimme zu hören, und die Gabe, sein Wort anderen mitzuteilen. Das Volk ging zu ihr hinauf zu Gericht (Richt. 4, 4–5). Bewegt durch den bedauernswerten Zustand ihres Volkes, rief Debora zum Handeln auf. Sie ließ Barak rufen und teilte ihm den Auftrag Gottes mit, in den Kampf zu ziehen. Als Barak sich weigerte, ohne sie zu ziehen, erklärte sie sich bereit, ihn zu begleiten – nicht um zu kämpfen, sondern um moralische Unterstützung und geistliche Hilfe zu geben (Richt. 4, 14). Der Herr schenkte Sieg, und »das Land hatte Ruhe vierzig Jahre« (Richt. 5, 31).

Gott stellt nicht oft eine Frau in eine öffentliche Vorrangstellung, zögert aber nicht, notfalls auch dies zu tun. Wie segensreich für Debora, daß sie zur Verfügung stand, als Gott sie brauchte! *Jokobed, Hanna und Debora arbeiteten mit Gott,* beeinflußten ein ganzes Volk. Auch wir können »Mitarbeiter Gottes« sein (1. Kor. 3, 9). Könnten wir in unserem Leben nach noch Höherem trachten?

Frauen, die gegen Gott arbeiteten

Leider lesen wir von anderen Frauen, die für ihre Familien und ihr Volk ein Verhängnis waren – Frauen wie Isebel, Königin von Israel, und Athalja, Königin von Juda, die es darauf anlegten, Böses zu tun und das Volk von der Verehrung Gottes abzuziehen zu den Götzen hin. Ihr gottloser Einfluß trug dazu bei, Niedergang und Fall ihrer Völker zu beschleunigen.

Isebel war eine heidnische Prinzessin und wurde die Frau Ahabs, des Königs von Israel (1. Kön. 16, 31). Sie war eine Götzendienerin und brachte ihre Baals-Verehrung mit nach Israel, wo sie ihren Mann dazu veranlaßte, »den Gott Israels zum Zorn zu reizen« (1. Kön. 16, 33). Sie unterstützte persönlich 850 Propheten heidnischer Götter (1. Kön. 18, 19), sie tötete die Propheten Gottes (1. Kön. 18, 13), sie wollte den Propheten Elia töten (1. Kön. 19, 1–2). Über Ahab steht geschrieben: »Es ist gar keiner gewesen wie Ahab, der sich verkauft hätte, um zu tun, was böse ist in den Augen Jehovas, welchen Isebel, sein Weib, anreizte« (1. Kön. 21, 25).

Athalja war die Tochter Ahabs und Isebels und wurde die Frau Jorams, des Königs von Juda (2. Kön. 8, 18). Als ihr Mann starb, wurde ihr Sohn Ahasja König. Beide, ihr Mann und ihr Sohn, »wandelten auf dem Wege des Hauses Ahabs und taten, was böse war in den Augen Jehovas« (2. Kön. 8, 18. 27). Nach dem Tod ihres Sohnes »machte sich Athalja auf und brachte alle königlichen Nachkommen um« (2. Kön. 11, 1), um selbst zu regieren. Nach Gottes Willen entkam der jüngste Sohn. Athalja regierte sechs Jahre. Als der rechtmäßige junge König vorgestellt, gekrönt und Athalja getötet wurde, »freute sich alles Volk des Landes« (2. Kön. 11, 20).

Es ist beachtenswert, daß im zweiten Buch der Könige oft die Namen der Mütter der Könige genannt werden. Wir lesen z. B. in 2. Könige 21, 1–2: »Zwölf Jahre war Manasse alt, als er König wurde . . . und der Name seiner Mutter war Hephzi-Bah. Und er tat, was böse war in den Augen Jehovas.« Oder in 2. Könige 23, 36–37: »Fünfundzwanzig Jahre war Jojakim alt, als er König wurde . . . und der Name seiner Mutter war Sebudda . . . und er tat, was böse war in den Augen Jehovas.«

Wir lesen auch von Müttern, deren Söhne »taten, was recht war in den Augen Jehovas« (siehe 2. Kön. 12, 1–2; 18, 1–3; 22, 1–2). Wenn sich der Einfluß von gottesfürchtigen Müttern wie Jokebed und Hanna ebenso wie der Einfluß der gottlosen, götzendienerischen Königinnen in ihren Söhnen niederschlägt, welche Verantwortung haben dann christliche Mütter heute! Wir müssen uns des Ausmaßes und der Macht unseres Einflusses bewußt sein – es ist möglich, daß wir in unseren Familien gegen Gott arbeiten.

Und wie können wir gegen Gott arbeiten? Wir sind keine Götzenverehrerinnen, die ihre Familien von Gott fortziehen! Wir verehren zwar keine geschnitzten Bilder; aber die Christen des 20. Jahrhunderts haben auch ihre Götzen. Wie steht es mit Materialismus, Karriere, Sicherheit? Ein Götze ist alles, was sich zwischen die Seele und Gott stellt. Welche Ziele haben wir uns selbst gesetzt? Alles größer und besser – mehr Bequemlichkeit, mehr Freizeit, mehr Sicherheit durch das, was wir besitzen? Welche Ziele haben wir für unsere Kinder? Erfolg – in *diesem* Leben – auf den wir sie von Kindheit an sorgfältig vorbereiten, indem wir keine Kosten scheuen? Das Wichtigste ist, daß wir unseren Kindern und uns die Bedeutung von Zeit und Ewigkeit vor Augen halten.

»Ein Leben nur, wie schnell wird es vergehn,
was wir für Christus tun, das bleibt allein bestehn.«

Frauen, die versuchten, Gott »behilflich« zu sein

Sara und *Rebekka* waren die Frauen der Patriarchen Abraham und Isaak. Sie glaubten Gottes Wort, aber sie wollten nicht *warten*, bis Gottes Zeit zum Handeln da war. Sie versuchten, mit ihren eigenen Plänen das zustande zu bringen, was Gott verheißen hatte. Gott hatte Abraham eine Nachkommenschaft verheißen, zahlreich wie die Sterne (1. Mose 15, 5), aber seine Frau *Sara* war unfruchtbar. Um vorwärts zu kommen, um »Gott zu helfen«, schlug Sara einen Weg vor, der vielleicht den Erben bringen könnte (1. Mose 16, 1–2). Ihr Plan gelang, Ismael wurde geboren; aber, er war nicht der Sohn, den Gott verheißen hatte. Er war Anlaß zur Verbitterung in der Familie, und seine Nachkommen haben Israel seit der damaligen Zeit immer Schwierigkeiten bereitet.
Bevor die Zwillinge geboren wurden, hatte Gott zu *Rebekka* gesagt, daß der Ältere dem Jüngeren dienen würde. Der jüngere Sohn, Jakob, war ihr Liebling. Als sie meinte Gottes Verheißung würde nicht eintreffen, versuchte sie, Gott »nachzuhelfen«. Lesen Sie dazu 1. Mose 27, 1 – 28, 5. Ihr Plan verwirklichte sich. Jakob erhielt den von Gott – verheißenen Segen des Erstgeburtsrechts. Aber sie zerstörte den Frieden der Familie; Esau entfremdete sich der Familie. Rebekka selbst sah Jakob nie wieder und erlebte nicht die Freude, zu beobachten, wie Gott die Dinge nach seinem eigenen Plan führte.
Der Hebräerbrief sagt uns, daß *Glaube und Ausharren* nötig sind (Hebr. 10, 36). Warum antwortet Gott auf unsere Gebete nicht sofort? Weil Gottes Zeitbegriffe anders sind als die unsrigen und Ausharren unseren Glauben stärkt. Es bringt Segen, auf das Eingreifen des Herrn zu warten und zu beobachten, wie er die

Dinge für uns arbeiten läßt. Er braucht nicht unsere schwache Hilfe. Es erfreut sein Herz, wenn er unseren Glauben und unser geduldiges Warten auf ihn sieht (Ps. 27, 14).

Frauen, die entgegen ihrer Absicht von Gott gebraucht wurden

Es ist ermutigend, festzustellen, wie Gott in seiner Gnade sogar diejenigen, die gefehlt haben, gebraucht, um zu seinem Ziel zu kommen. *Eva* erhielt trotz ihrer Sünde die Zusage, daß ihr Nachkomme Satan besiegen würde (1. Mose 3, 15). *Sara*, die falsch handelte, als sie den Plan ausdachte, der zur Geburt von Ismael führte, wurde die Mutter des »Sohnes der Verheißung« (1. Mose 21, 2). *Rahab*, eine Hure, wurde wegen ihres Glaubens an Gott (Josua 2) die Stamm-Mutter des Messias (Matth. 1, 5). Nach den verlorenen Jahren in Moab brachte *Noomi* ihre Schwiegertochter Ruth unter den Schutz des Gottes Israels und in eine Ehrenstellung als Frau des Boas und Urgroßmutter des großen Königs David (Ruth 1 und 3, 13–17). Die Königin *Esther* hatte trotz der Furcht vor dem Zorn des Königs den Mut, ihn für ihr Volk zu bitten; dadurch erfolgte die Befreiung (Esth. 4, 16).

Was auch immer unsere Veranlagung, Erziehung, unsere Gaben oder unsere Stellung im Leben sein mögen, Gott kann uns zu seiner Verherrlichung gebrauchen. Je enger wir mit ihm wandeln und je größer unser Wunsch ist, mit ihm zu arbeiten, desto brauchbarer werden wir und desto reicher wird unser Segen sein.

Zum weiteren Studium

Studieren Sie selbst eingehend alle Frauen, die in dieser Lektion erwähnt sind.

Persönliche Fragen zum Nachdenken

1. Auf welche Weise kann ich heute »mit Gott arbeiten«? Hat er mir Kinder gegeben, die ich für ihn erziehen soll? Kann ich meinem Mann behilflich sein, die ihm anvertrauten geistlichen Gaben zu entfalten und zu gebrauchen? Hat er mir Gaben und Gelegenheiten geschenkt, seiner Gemeinde zu dienen? Bin ich einer ungläubigen Freundin oder Nachbarin ein Zeugnis? Bin ich stets bereit, mich von Gott gebrauchen zu lassen?

---

2. Welchen Einfluß übe ich auf meine Familie aus? Sieht sie, ob mich dieses Leben gefangennimmt oder ob ich Ewigkeitswerte suche? Was wünsche ich meinen Kindern? Habe ich in Gesprächen über ihre Zukunft (Hochschule, Universität, etc.) jemals die Missionsarbeit oder den Dienst für Christus angeschnitten? Warum nicht?

---

3. Bin ich jemals ungeduldig über Gott? Höre ich auf, für etwas zu beten, wenn Gott nicht sofort antwortet? Bin ich geneigt, selbst zu handeln, anstatt auf Gottes Führung zu warten? Wie kann ich feststellen, wann ich warten und wann ich handeln soll?

---

4. Finde ich Entschuldigungen, daß Gott mich nicht brauchen könne? Stellen Sie sich, so wie Sie sind, Gott zur Verfügung, und bitten Sie ihn, Sie zu gebrauchen. Er wird es tun!

_____

_____

_____

Beten Sie darum, daß Gott Sie befähigt, seine Mitarbeiterin zu sein bei der Erziehung Ihrer Kinder, Ergänzung Ihres Mannes, Beeinflussung Ihrer Familie.

Mein persönliches Gebet

_____

_____

_____

_____

_____

4 Eine tugendhafte Frau

(Sprüche 1–31)

Wir sollten unsere kurze Studie der Frauen des Alten Testamentes nicht abbrechen, ohne uns ein wenig mit der vorbildlichen Beschreibung einer Frau zu beschäftigen, wie sie uns in Sprüche 31 vorgestellt wird. Zunächst wollen wir jedoch feststellen, daß in den früheren Kapiteln des Buches der Sprüche vieles über Frauen – aber meist Ungünstiges – gesagt wird.

Die Fremde

Wir lesen viele Warnungen vor der »fremden Frau«, die »ihre Worte glättet«, den »Vertrauten ihrer Jugend verläßt«, den »Bund ihres Gottes vergißt« – deren »Füße zum Tode hinabsteigen« und »deren Schritte an dem Scheol haften« (Sprüche 2, 16–19; 5, 3–8). In Kapitel 7 wird uns genau berichtet, wie die »fremde Frau« die »Einfältigen«, unwissende junge Männer, verlockt. Das Kapitel endet mit den Worten: »viele Erschlagene hat sie niedergestreckt, und zahlreich sind alle ihre Ermordeten. Ihr Haus sind Wege zum Scheol . . .« (Sprüche 7, 26–27).

Eine Warnung folgt der anderen. »Bewahre dich vor dem bösen Weibe, vor der Glätte der Zunge einer Fremden. Begehre nicht in deinem Herzen nach ihrer Schönheit . . . Sollte jemand Feuer in seinen Busen nehmen, ohne daß seine Kleider verbrennten? . . . Wer mit einem Weibe Ehebruch begeht, ist unsinnig; wer seine Seele verderben will, der tut solches (Sprüche 6, 24–35).

In Kapitel 9 wird sie »Frau Torheit« genannt: »sie ist lauter Einfältigkeit und weiß gar nichts«, aber es kommt auf eins heraus: ». . . in den Tiefen des Scheols sind ihre Geladenen« (Sprüche 9, 13–18).

Welch ein Gegensatz besteht doch zwischen dem strengen Urteil, mit dem Gott Ehebruch und andere sexuelle Sünden straft, und der Leichtfertigkeit, mit der die Menschen heute darüber hinweggehen!

Gott befahl durch Mose: »Du sollst nicht ehebrechen« (2. Mose 20, 14). Der Herr Jesus sagte: »Ihr habt gehört, daß gesagt ist: Du sollst nicht ehebrechen. Ich aber sage euch, daß jeder, der eine Frau ansieht, sie zu begehren, schon Ehebruch mit ihr begangen hat in seinem Herzen« (Matthäus 5, 27–28). Paulus schrieb: »Fliehet die Hurerei ... wer hurt, sündigt gegen seinen eigenen Leib« (1. Korinther 6, 18), und an anderer Stelle: »Irret euch nicht! Weder Hurer ... noch Ehebrecher ... werden das Reich Gottes ererben« (1. Korinther 6, 9–10). Der Hebräerbrief sagt: »Hurer und Ehebrecher wird Gott richten (Hebräer 13, 4).

Die Belehrung stellt ganz eindeutig darauf ab, daß die Frau, die sich Gott wohlgefällig verhalten will, alle Unreinigkeit in Gedanken und im Betragen meiden und darauf achten soll, in keiner Weise durch Worte, Kleidung oder Haltung eine Versuchung an einen Mann heranzutragen. Wir müssen uns bewußt sein, daß die Art, wie wir uns kleiden, herausfordernd sein kann, und daß, wenn wir nachlässig sitzen, andere dadurch sexuell gereizt und zur Sünde verleitet werden können (Matthäus 5, 28).

Unsere Kleidung läßt weitgehend erkennen, was wir *sind* und was unsere Herzen wollen.

Noch weitere Frauen werden uns im Buch der Sprüche gezeigt. Einige Male lesen wir von einer *zänkischen* Frau, und es heißt von ihr: »Besser ist es, in einem wüsten Lande zu wohnen, als eine zänkische Frau und Ärger« (Sprüche 21, 19); »Besser ist es, auf einer Dachecke zu wohnen, als eine zänkische Frau und ein gemeinsames Haus« (Sprüche 21, 9). Wieder erkennen wir den Gegensatz zwischen einer solchen Frau und einer, an der Gott Wohlgefallen hat. Petrus spricht von Frauen, die »den Schmuck des sanften und stillen Geistes haben, welcher vor Gott sehr köstlich ist« (1. Petrus 3, 4).

Auch vorbildliche Frauen sind in den Sprüchen erwähnt. »Ein *wackeres* Weib ist ihres Mannes Krone« (Sprüche 12, 4); »Der Weiber *Weisheit* baut ihr Haus« (Sprüche 14, 1); »Wer ein Weib gefunden, hat Gutes gefunden« (Sprüche 18, 22); »Eine *einsichtsvolle* Frau kommt von Jehova« (Sprüche 19, 14); und schließlich »Ein *anmutiges* Weib erlangt Ehre« (Sprüche 11, 16). Dies sind Tugenden, nach denen wir alle trachten sollten.

Eine tugendhafte Frau

Im letzten Kapitel der Sprüche kommen wir nun zu der Beschreibung einer wirklich beachtenswerten Frau. Das Kapitel beginnt mit dem Satz: »Worte Lemuels, des Königs; Ausspruch, womit seine Mutter ihn unterwies« (lesen Sie das ganze Kapitel, Sprüche 31). Beschrieb seine Mutter die Frau, die er sich nehmen sollte? Oder beschrieb Lemuel in dieser Frau seine Mutter? Wir können es nicht sagen, aber wir möchten nebenbei erwähnen, daß jedem Mann das Ideal der Frau vorschwebt, die sein Leben geprägt hat. Sind wir uns der Macht unseres Einflusses stets bewußt? Der Einfluß einer Mutter kann nie zu hoch bewertet werden, aber wie sieht es mit dem Einfluß einer Schwester aus? Einige weltberühmte Männer, und auch etliche bekannte Gläubige, sind durch Liebe, Freundschaft und Gebete einer aufopfernden Schwester reich gesegnet worden. Auch Lehrerinnen üben einen sehr starken Einfluß aus. In jedem Lebensbereich ist eine gottesfürchtige, betende Frau eine Kraft für Gott, oft in einer Weise, der sie sich nicht bewußt war.

»Eine wackere (tugendhafte) Frau, wer wird sie finden?« (Sprüche 31, 10) »Ihr Wert steht weit über Korallen.« Im Orient wurde eine Braut buchstäblich gekauft, und noch heute wird in einigen Ländern von dem Vater des Mädchens ein »Brautpreis« verlangt. Die tugendhafte Frau hatte tatsächlich einen hohen Wert – »weit über Korallen« – eine seltene Mitgift.

»Das Herz ihres Mannes vertraut auf sie« (Vers 11). Diese erste Feststellung schließt alle folgenden in sich ein. In bezug auf ihren Mann, ihre Familie, ihren Haushalt und die Umgebung ist sie äußerst zuverlässig; das Herz ihres Mannes vertraut auf sie. In dem herbräischen Haus war die Mutter die Hauptperson. Ein Mann legte großen Wert auf Wohlergehen und Ansehen seiner Familie, auf wirtschaftliches Fortkommen und eine angesehene Stellung im Gemeinwesen. Die Frau und Mutter trug die Verantwortung für das Erreichen dieser erstrebenswerten Ziele. Aufgrund ihres Fleißes und ihrer Ehrlichkeit konnte sich ihr Mann auf sein Geschäft konzentrieren, sowie darauf »in den Toren . . . bei den Ältesten des Landes« zu sitzen (Vers 23) – eine Stellung im Stadtrat, verbunden mit Ehre und Ansehen. »Sie erweist ihm Gutes und nichts Böses alle Tage ihres Lebens« (Vers 12). – Es lohnt sich für jede Braut, diesem Vorbild nachzueifern.

Bei ihrer Hausarbeit ist diese Frau fleißig (Vers 13), unternehmerisch (Vers 14), sie plant voraus (Vers 15), sie ist geschickt (Vers 19), hat für die Zukunft vorgesorgt (Vers 21), sie ist geschmackvoll und sittsam gekleidet (Vers 22). Sie scheut sich nicht vor schwerer Arbeit, ist nicht träge, weder sorglos, noch nachlässig (Vers 27). Der Arbeitsablauf in ihrem Haushalt vollzieht sich reibungslos. In einem solchen Hause herrscht Ordnung, Friede und Wohlstand. Natürlich ist das Gott wohlgefällig, denn er »ist nicht ein Gott der Unordnung, sondern des Friedens« (1. Korinther 14, 33). Er sagt in bezug auf sein Haus: »Alles aber geschehe anständig und in Ordnung« (1. Korinther 14, 40).

Diese Frau hat auch noch Zeit und Kraft, außerhalb des Hauses tätig zu sein. Sie kauft ein Feld und pflanzt einen Weinberg (Vers 16), sie fertigt Hemden und Gürtel, die sie dann verkauft (Vers 24). »Sie erfährt, daß ihr Erwerb gut ist« (Vers 18). Sie liefert gute Qualität, sie würde sich nicht dazu hergeben, minderwertige Ware herzustellen und zu verkaufen. Dieser Grundsatz sollte auch uns kennzeichnen. »Was irgend ihr tut, tut alles zur Ehre Gottes« (1. Korinther 10, 31). Zur Ehre unseres Herrn sollten wir das Beste tun, zu dem wir in der Lage sind.

Welche anderen Eigenschaften kennzeichnen den Charakter dieser tugendhaften Frau? Sie ist mitfühlend und teilnehmend den Elenden und Bedürftigen gegenüber (Vers 20). Weisheit und Ausgeglichenheit sind ihr eigen (Vers 26). Hier haben wir es nicht mit einer Person zu tun, die sich übermäßig engagiert und sich rücksichtslos über andere hinwegsetzt, um ihre Ziele zu erreichen. Ein ausgeglichenes Wesen ist für sie Selbstverständlichkeit. Und wie würde sich ein wenig Freundlichkeit in vielen unserer Familien heute auswirken!

Kein Wunder, daß ihr Mann und die Kinder sie lieben (Vers 28) – und zwar nicht zuerst deshalb, weil sie eine tüchtige Hausfrau ist, die sich für Behaglichkeit und Wohlergehen ihrer Familie einsetzt, oder weil sie sich als geschickte und erfolgreiche Geschäftsfrau bewährt, sondern weil sie eine kluge, ausgeglichene, mitfühlende, liebende Frau ist (wie auch wir es sein können). Die meisten Frauen, die diese Schilderung in Sprüche 31, 10–31 lesen, haben dabei ein gewisses Minderwertigkeitsgefühl. Wer könnte die hier aufgezählten Qualitäten erreichen? Aber sicherlich bereiteten ihr Liebe und Achtung ihrer Familie die größte Freude und Genugtuung in ihrem Leben, und das ist etwas, was wir alle erreichen können. Wir brauchen nicht an alle ihre Vorzüge heranzureichen; wir sollten aber versuchen, sie als Richtschnur zu nehmen, um zuverlässig, fleißig, selbstdiszipliniert, arbeitsam, mitfühlend, ausgeglichen und liebevoll zu sein. Und noch etwas: sie ist »eine Frau, die Gott fürchtet« (Vers 30)! Ist das die Erklärung für all das, was von dieser Frau gesagt wurde? Ja, hierin liegt alles begründet, und das sollte auch unser Ausgangspunkt sein. »Die Furcht Gottes ist der Weisheit Anfang« (Sprüche 9, 10). Es gibt keinen anderen Weg, ein Gott wohlgefälliges Leben zu führen, als den, mit dem Herrn zu beginnen. Unser eigenes Bemühen und Streben, Beschreiten von neuen Wegen, Zielsetzungen für uns u. dgl. mögen ein bestimmtes Maß an Erfolg bringen. Die Frau jedoch, die sich in der Furcht Gottes ihm ganz ausliefert, sich seinen Händen überläßt, damit er sie formen und gebrauchen kann, ist die wahrhaft gesegnete Frau, deren »Werke sie in den Toren preisen mögen« (Vers 31), deren Familie zu Wohlstand kommt und als gesegnet bezeichnet wird. »Ihr Wert steht weit über Korallen.«

Zum weiteren Studium

Lesen Sie das ganze Buch der Sprüche. Notieren Sie alle Stellen, die sich auf Frauen beziehen, und ordnen Sie diese so ein, wie es für Ihr Studium nützlich ist.

_____

_____

_____

_____

_____

_____

Persönliche Fragen zum Nachdenken

1. Wenn ich meine Kleidung auswähle, tue ich es mit dem Zweck, die Aufmerksamkeit auf mich zu lenken? Wenn die Mode lässig und freizügig ist, mache ich mit, indem ich sage: »Das tragen sie alle«? Oder prüfe ich, was dem Herrn wohlgefällig ist?

_____

_____

_____

2. Kann mein Mann mir »unbesorgt vertrauen« – sich auf meine Verschwiegenheit verlassen, weil ich Vertraulichkeiten nicht weitersage und nicht überall über persönliche und familiäre Angelegenheiten spreche? Kann er auf meine Ehrlichkeit bauen, wenn Verpflichtungen eingehalten werden müssen, damit rechnen, daß ich die Ehre seines Namens in jeder Weise aufrechterhalte?

_____

_____

_____

3. Sind meine Beziehungen zu anderen – aber auch zu meiner Familie – durch ein freundliches Wesen geprägt?

_____

_____

_____

4. Versuche ich, geistliches Wachstum in meinem Leben durch eigenes Bemühen zu erreichen? Mich so zu verhalten, wie es Gott wohlgefällig ist? Oder habe ich mich in die Hände des Herrn gegeben, damit er mich formen und zu einer Frau umgestalten kann, die ihm angenehm ist?

_____

_____

_____

Beten Sie, daß Gott Ihnen Weisheit schenken möchte, bei der Wahl Ihrer Kleidung, bei Ihrer Haushaltsführung, bei Ihren Beziehungen zu anderen, auch zu Ihrer Familie, bei Ihrem Heranreifen zu einer Frau, wie Gott sie haben will.

Mein persönliches Gebet

_____

_____

_____

_____

_____

5 Der Herr Jesus und die Frauen

Zur Zeit des Herrn Jesu wurden die Frauen von Griechen, Römern und Juden als minderwertigere Geschöpfe angesehen. In *Griechenland* stand die Frau unter der Kontrolle und Gewalt ihres Mannes, auf der Stufe eines Sklaven. In *Rom* war die Frau gesetzmäßig das Eigentum ihres Mannes. Sie hatte mehr Freiheit als die Frauen in Griechenland, aber dies führte zu moralischem Verfall und Anstieg der Ehescheidungen. Bei den *Juden* nahm die Frau innerhalb der Familie einen würdigen Platz ein, obwohl sie dem Mann gegenüber als minderwertiger angesehen wurde. Sie hatte jedoch nur wenige gesetzliche Rechte; sie genoß keinerlei Erziehung, nicht einmal auf religiösem Gebiet. Der Herr Jesus lebte in einer Gesellschaft, die voll und ganz vom Mann beherrscht wurde.

Von daher gesehen, war die Einstellung des Herrn Jesus den Frauen gegenüber sehr bemerkenswert. Er zeigte kein Vorurteil, äußerte kein nachteiliges Wort über die Frauen. Er schätzte ihre ihnen eigenen Fähigkeiten und behandelte sie mit Höflichkeit und Ehrerbietung.

Er hatte *Mitleid* mit ihnen in ihren Schwierigkeiten. Er heilte die Schwiegermutter des Petrus von einem Fieber (Matth. 8, 14), die Frau mit dem Blutfluß (Matth. 9, 20), die bedauernswerte Frau, die achtzehn Jahre lang zusammengekrümmt war (Luk. 13, 11). In Nain erweckte er den Sohn der Witwe vom Tode und gab ihn seiner Mutter zurück (Luk. 7, 12–15). Als die im Ehebruch ergriffene Frau zu ihm gebracht wurde, behandelte er sie mit Feingefühl und Gnade (Joh. 8, 3). Seine Worte: »Kommt her zu mir . . . und ich werde euch Ruhe geben« müssen die Frauen sehr angesprochen haben, weil sie so ein schweres Los hatten. Sie wurden durch sein Mitgefühl zu ihm hingezogen. Noch vom Kreuz herab zeigte er Mitgefühl für seine Mutter (Joh. 19, 25–27).

An manche Frauen richtete er *Worte des Lobes*. Der syrophönizischen Frau, die mit der Bitte zu ihm kam, ihre besessene Tochter zu heilen, sagte er: »O Frau, dein Glaube ist groß« (Matth. 15, 21–28). Eines Tages, als er bei dem Schatzkasten im Tempel saß, sah er, wie reiche Männer ihre Gaben einlegten, und er beobachtete dann, wie eine arme Witwe zwei Scherflein einwarf. Er lobt dieses Opfer mit den Worten:»Die arme Witwe hat mehr eingelegt als alle anderen« (Luk. 21, 1–4). Er blickte nicht auf die Größe der Gabe, sondern auf das Herz des Spenders. Die Reichen gaben vom Überfluß, sie aber gab alles, was sie hatte, und handelte Gott wohlgefällig. Der Herr Jesus *achtete* die geistigen und geistlichen Fähigkeiten der Frau. Obwohl es nicht üblich war, daß Mädchen oder Frauen eine Ausbildung genossen, unterwies er sie im kleinen Kreise und bei seinen Reden auch öffentlich. Einige seiner bedeutungsvollsten Offenbarungen über sich selbst und über seinen Vater wurden einzelnen Frauen persönlich gegeben.

In Johannes 4 lesen wir etwas über ein Gespräch, das er mit einer Frau aus Samaria an einem Brunnen führte. Obwohl»die Juden nicht mit den Samaritern verkehren« (V. 9), und obwohl ein jüdischer Lehrer nicht öffentlich mit einer Frau (auch nicht mit seiner eigenen) sprach, unterhielt sich der Herr Jesus mit dieser aus der Gesellschaft ausgestoßenen Frau. Er sprach mit ihr über die Anbetung und die Notwendigkeit, Gott in Geist und Wahrheit anzubeten, weil Gott Geist ist (V. 24). Er offenbarte sich als der Messias, auf den Juden und Samariter warteten – solch eine bedeutungsvolle Offenbarung hatte er sonst niemandem gegeben! Die Frau glaubte und gab in ihrer Stadt ein so kraftvolles Zeugnis von ihm, daß viele zum Herrn kamen und auch glaubten.

Im Haus der Martha und Maria in Bethanien saß Maria»zu den Füßen Jesu und hörte seinem Worte zu« (Luk. 10, 39). Der Herr Jesus ließ deutlich erkennen, daß ihm das gefiel. Er verwies Maria nicht in die Küche, sondern schätzte ihren Wunsch und ihre Aufgeschlossenheit, seine Belehrungen aufzunehmen. Er betrachtete jedoch den Dienst der Martha keineswegs geringschätzig, sondern machte ihr auf feine Weise deutlich, daß Dienst allein nicht genügt. Wir müssen uns Zeit nehmen, zu seinen Füßen zu sitzen und von ihm zu lernen: Ihm ist mehr an uns, als an unserem Dienst gelegen. Was wir *sind* ist wichtiger als das, was wir *tun*.

Einige Zeit später wurde Lazarus, der Bruder Marias und Marthas krank und starb. In diese Lage hinein sprach der Herr Jesus jene inhaltsreichen Worte, die den Seinen seitdem immer zum Trost gereicht haben:»Ich bin die Auferstehung und das Leben; wer an mich glaubt, wird leben, auch wenn er gestorben ist . . .« (Joh. 11, 25). Der Herr Jesus *nahm* den Dienst der Frauen *an*. Wir haben gerade das Haus in Bethanien erwähnt, in dem er willkommen war und wo die beiden sich aufopfernden Schwestern für ihn sorgten. Wir lesen weiter von »vielen Frauen, die Jesus von Galiläa nachgefolgt waren und ihm gedient hatten« (Matth. 27, 55) und von »gewissen Frauen, die ihm dienten mit ihrer Habe« (Luk. 8, 2–3). Es handelt sich hier ganz offensichtlich um eine Gruppe von Frauen, die bereit waren, die Mühe der Reisen zu ertragen, um für die körperlichen Belange des Herrn und seiner Jünger zu sorgen. C. C. Ryrie schreibt, daß immer da, wo von einem direkten Dienst, der dem Herrn Jesus erwiesen wird, die Rede ist, dieser entweder von Engeln oder Frauen ausgeführt wurde. Wie segensreich ist es, zu denen zu gehören, die ihm dienen!

Der Herr Jesus *würdigte* die Zuneigung und die Dankbarkeit der Frauen. In Lukas 7, 36–50 lesen wir von einem Zwischenfall, der sich in dem Hause eines Pharisäers ereignete. Dieser hatte den Herrn Jesus zu einem Gastmahl eingeladen. Während des Essens kam eine arme Frau, »eine Sünderin«, herein und sank weinend zu seinen Füßen. Als ihre Tränen auf seine Füße fielen, trocknete sie sie mit ihren Haaren ab. Sie küßte seine Füße und salbte sie mit kostbarer, wohlriechender Salbe. Der Pharisäer wollte sie hinauswerfen und nicht zulassen, daß sie ihn anrührte, aber der Herr Jesus nahm ihren Liebesbeweis an. Er sagte, daß: »ihre vielen Sünden vergeben wären, weil sie so viel geliebt hätte«. Wir sollten hierbei beachten, daß der Herr Jesus die Geringschätzung des Pharisäers und auch die Dankbarkeit der Frau wohl bemerkte (Lukas 7, 44–46).

Was geben wir ihm?

Gegen Ende des irdischen Dienstes unseres Herrn ereignete sich etwas Ähnliches (Joh. 12, 1–8). Dieses Mal befand er sich im Hause seiner Freunde in Bethanien, und Maria, die zu seinen Füßen gesessen hatte, brachte eine kostbare Salbe und salbte seine Füße. Als sie das wertvolle Fläschchen zerbrach und den Inhalt ausgoß, protestierte einer der Jünger über diese »Verschwendung«. Für Maria war jedoch nichts zu gut oder zu kostspielig für ihn. Der Herr lobte sie mit den Worten, daß sie eine gute Tat getan habe (könnte irgend etwas zu wertvoll oder zu kostspielig sein, um für ihn aufgewendet zu werden?). Wieviel muß ihm ihre Ergebenheit bedeutet haben, besonders im Hinblick darauf, daß seine Jünger nicht verstanden, daß sein Tod bevorstand. Maria salbte im voraus seinen Leib zu seinem Begräbnis; die anderen Frauen, die sich um ihn sorgten, kamen mit ihren Spezereien zu spät (Luk. 23, 55 – 24, 3). Laßt uns ihm *heute* Liebe und Anbetung aus erlöstem Herzen bringen, »Opfer des Lobes . . ., indem wir seinen Namen bekennen« (Hebr. 13, 15).

Der Herr Jesus *ehrte* die Frauen *sehr*, indem er ihnen nach seiner Auferstehung zuerst erschien. Er gab Frauen das Vorrecht, die gute Botschaft von seiner Auferstehung seinen Jüngern zu überbringen (Matth. 28, 1–10; Mark. 16, 1–10; Luk. 24, 1–10; Joh. 20, 1–18). So viel wir wissen, war von den Jüngern keiner außer Johannes bei dem Kreuz – aber die Frauen waren dort (Matth. 27, 55)! Und »sehr früh am Morgen« des Auferstehungstages, »als es noch dunkel war«, kamen die Frauen zum Grab. Der Grund lag nicht darin, daß ihr Glaube größer gewesen wäre als der der Jünger; sie alle waren voller Verzweiflung. Sondern ihre Liebe zog sie dorthin, wo er war, die Liebe zu diesem Herrn, der wie kein anderer war und der ihr Leben so umgestaltet hatte. Und ihre Liebe wurde belohnt. Ihr Kummer wurde in Freude verwandelt, ihr Trauern in Gesang, als sie den triumphierenden, aus dem Tode auferstandenen Herrn sahen! Und sie liefen, um anderen diese frohe Botschaft zu bringen.

Die ihn *suchende* Liebe wird immer dadurch belohnt, daß sie ihn sieht. Er offenbart sich nicht den Stolzen, Mächtigen oder Verstandesmenschen, sondern dem demütigen, liebenden Herzen, das sich nach ihm sehnt! Je größer die Liebe, desto deutlicher ist das Erkennen. Auf Marias aus dem Herzen kommenden Schrei »Wo ist er« antwortete der Herr selbst: »Maria.« Sie sah ihn, den sie suchte.

Wonach sehnen wir uns, was suchen wir heute? Der Herr Jesus sagte: »Wer mich liebt, wird von meinem Vater geliebt werden, und ich werde ihn lieben und *mich selbst ihm offenbar machen*« (Joh. 14, 21).

Zum weiteren Studium

Studieren Sie die weiteren Einzelheiten der Bibelstellen, auf die in dieser Lektion Bezug genommen wird, und finden Sie heraus, welche Einstellung der Herr Jesus bei den einzelnen Gelegenheiten den Frauen gegenüber einnahm.

_____

_____

_____

_____

_____

Persönliche Fragen zum Nachdenken

1. Welche Einstellung hat der Herr Jesus nach dem, was wir aus seiner Einstellung Frauen gegenüber gelernt haben, mir gegenüber? Bin ich ihm wichtig und wertvoll? Kann ich die Freimütigkeit haben, in jeder Not zu ihm zu gehen?

_____

_____

_____

2. Ist er mir wichtig – so daß ich, wie Maria, auf das hören möchte, was er sagt? Nehme ich mir jeden Tag Zeit, sein Wort zu lesen und ihn zu mir reden zu lassen?

_____

_____

_____

3. Was suche ich in meinem Leben? Was beschäftigt meine Gedanken?

_____

_____

_____

Beten Sie, daß Sie die Einstellung des Herrn Jesus zu Ihnen erkennen möchten, daß Sie von ihm gelobt werden können, daß Sie jeden Tag Zeit haben, zu seinen Füßen zu sitzen, daß Ihr Sinnen und Trachten mit dem Christus erfüllt sein möchten.

Mein persönliches Gebet

_____

_____

_____

_____

_____

6 Wesenszüge der »Frau nach den Gedanken Gottes«

Beim Weiterforschen nach der Frau, an der Gott Gefallen hat, wenden wir uns nun einigen der im Neuen Testament genannten Frauen zu und wollen uns diese eingehender ansehen. Von ihnen allen wird uns sehr wenig erzählt: Meist treten sie nur flüchtig in Erscheinung. Es ist unwahrscheinlich, daß überhaupt eine dieser Frauen Gottes Wunschvorstellung in ihrer Gesamtheit verkörpern konnte. Wir wollen daher ein Bild zusammenstellen und bei verschiedenen Frauen die Charakterzüge herausfinden, die Gottes Willen entsprechen.

Unterordnung und Gehorsam

Mit wem könnten wir besser beginnen als mit *Maria*, der Mutter unseres Herrn? Warum wurde gerade diese junge Frau von Gott in so einzigartiger Weise geehrt? Der Bericht sagt nur, daß sie eine Jungfrau und mit Joseph verlobt war. Sicher hat sie einen einwandfreien Lebenswandel geführt und war im tiefsten Innern Gott ergeben. Ihre Antwort an den Engel läßt uns einen Blick in ihre Wesensart tun: »Siehe, ich bin die Magd des Herrn; es geschehe mir nach deinem Worte« (Luk. 1, 38). Hier zeigte sich die Gesinnung der Unterordnung und der Bereitschaft, Gottes Willen zu tun. Maria stand Gott uneingeschränkt zur Verfügung, weil sie ihm vertraute. Könnte es etwas geben, was Gott wohlgefälliger wäre? Maria wird in zahlreichen Stellen der Schrift erwähnt; wir wollen uns nur mit einer beschäftigen. Bei der Hochzeit zu Kana in Galiläa (Joh. 2, 1–11) sprach Maria etwas aus, was nicht übertroffen werden kann; sie forderte die Diener auf: »Was irgend er euch sagen mag, tut«. Wir machen nie etwas falsch, wenn wir dem Wort des Herrn gehorchen und uns ganz ihm unterordnen.
Wichtig erscheint noch der Hinweis, daß Maria, obwohl von Gott

so gesegnet und bevorzugt, doch wie alle anderen Männer und Frauen der Erlösung bedurfte. Sie selbst sagte:»Mein Geist hat frohlockt in Gott, *meinem Heilande*« (Luk. 1, 47).

Gerecht und untadelig

Elisabeth, die Mutter Johannes des Täufers und eine Verwandte der Maria, war eine ältere Frau – sie hatte den größten Teil ihres Lebens hinter sich. Und was war dieses Leben gewesen? Sie und ihr Mann Zacharias »waren beide gerecht vor Gott, indem sie untadelig wandelten in allen Geboten und Satzungen des Herrn« (Luk. 1, 6). Das erwartet Gott von uns allen, Männern und Frauen. »Er hat uns auserwählt . . . daß wir heilig und tadellos vor ihm seien« (Eph. 1, 4).

Gottergebenheit

Hanna war eine betagte Frau in Jerusalem, die »nicht von dem Tempel wich, indem sie Nacht und Tag mit Fasten und Flehen Gott diente« (Luk. 2, 37). Sie war im Tempel, als das Kind Jesus gebracht wurde, um Gott dargestellt zu werden. Als sie es sah, lobte sie Gott. Sie sah in ihm die Erlösung Israels und redete freudig von ihm zu allen. Hannas ganzes Leben war Gott geweiht – ihre Zeit, ihre Kraft, alles, was sie hatte. Wir werden ermahnt, unsere »Leiber als ein lebendiges Schlachtopfer Gott darzustellen« (Röm. 12, 1). Wir sollen »zuerst nach dem Reiche Gottes trachten« (Matth. 6, 33) – »auf das sinnen, was droben ist« (Kol. 3, 2). Auf was sind unsere Herzen gerichtet? Wem weihen wir uns – uns selbst, der Welt oder Gott?

Liebe und Dankbarkeit

Maria Magdalene ist allen bekannt als die Frau, von der der Herr Jesus sieben Dämonen ausgetrieben hatte. Sie wird zum ersten Male erwähnt zusammen mit anderen »Frauen, die von bösen Geistern und Krankheiten geheilt worden waren . . . die ihm dienten mit ihrer Habe« (Luk. 8, 2–3). Ihre Liebe und Dankbarkeit für die Heilung waren so groß, daß sie bei dem Herrn Jesus bleiben wollte, um ihm zu dienen, ohne daran zu denken, was es sie kosten würde. Wir sehen sie bei dem Kreuz wieder, wie sie leiderfüllt zuschaut (Matth. 27, 55–56), und dann weinend am Grab (Joh. 20, 1–18). Dort wurde ihr liebendes Herz getröstet, als sie den auferstandenen Herrn wiedersah. Markus berichtet uns, daß er der Maria Magdalene *zuerst* erschien (Mark. 16, 9). Wie vergalt er doch ihre Liebe und Dankbarkeit!

Bei einer anderen Gelegenheit zeigte der Herr, daß er Dankbarkeit schätzte. Als er zehn Aussätzige geheilt hatte und nur einer kam, um ihm zu danken und ihm die Ehre zu geben, fragte er: »Wo sind die neun?« (Luk. 17, 17). Ein dankbares Herz sollten alle die haben, die Jesus »Herr« nennen.

Glaube

Paulus schreibt an Timotheus: »Ich erinnere mich des ungeheuchelten Glaubens in dir, der zuerst wohnte in deiner Großmutter *Lois* und deiner Mutter *Eunike*« (2. Tim. 1, 5). Diese zwei Frauen waren bekannt wegen ihres aufrichtigen Glaubens an Gott – eines Glaubens, der in ihrem Leben wirksam war. Sie unterwiesen den jungen Timotheus sorgfältig in »den heiligen Schriften« (2. Tim. 3, 15), um ihn so zur Errettung zu führen. Daß doch solche Treue und solcher Glaube an Gott bei allen Müttern und Großmüttern zu finden wäre und auch bei allen, die mit Kindern zu tun haben!

Anbetung

Immer, wenn wir etwas über *Maria von Bethanien* lesen, ist sie zu den Füßen des Herrn Jesus. In Lukas 10, 38–42 sitzt sie zu seinen Füßen, hört auf seine Worte und lernt von ihm. In Johannes 11, 32 fällt sie in ihrem Kummer über den Tod ihres Bruders weinend zu den Füßen des Herrn nieder. In Johannes 12, 3 salbt sie die Füße des Herrn mit kostbarer Salbe und trocknet sie mit ihrem Haar. So, wie der Wohlgeruch der Salbe das Haus erfüllte, so erquickte der Wohlgeruch ihrer Anbetung das Herz des Herrn. Sie war eine aufrichtige Anbeterin – und der Herr »sucht solche als seine Anbeter« (Joh. 4, 23). Jemand hat einmal Anbetung bezeichnet als das Überströmen eines mit Christus erfüllten Herzens. »Kommt, lasset uns anbeten und uns niederbeugen, lasset uns niederknien vor dem Herrn, der uns gemacht hat« (Ps. 95, 6).

Gute Werke

Martha von Bethanien scheint ganz anders gewesen zu sein als ihre Schwester Maria und ist häufig als ungeistlich beurteilt worden – die geschäftige Hausfrau, die wenig Zeit für geistliche Dinge hat. Aber »Jesus liebte Martha« (Joh. 11, 5), und sie hatte einen aufrichtigen und festen Glauben an ihn (Joh. 11, 21–27).

Der Herr schätzt und braucht sowohl eine Martha als auch eine Maria. Marthas Problem war, daß sie »mit *vielem* Dienen sehr beschäftigt war« (Luk. 10, 40).

Auch uns geht es nur zu oft so, daß wir das rechte Maß für das Verhältnis von Dienst und Hören verlieren. Gott schätzt unseren Dienst für ihn, aber dieser darf nicht zu Lasten unserer inneren Einstellung gehen. Das, was wir sind, steht in Gottes Bewertung weit höher als das, was wir tun. Wir brauchen ein gut abgestimmtes Verhältnis zwischen dem Ruhen (zu Jesu Füßen) und dem Dienen. –

In Apostelgeschichte 9, 36–41 lesen wir von der Dorkas, die eine »Jüngerin war, voll guter Werke und Almosen, die sie übte«. Es wird uns keine vollständige Aufstellung ihrer guten Werke gegeben; aber wir wissen, daß sie Röcke und Kleider gemacht hatte und ihre Güte den Witwen gegenüber so groß gewesen war, daß diese über ihren Tod weinten und klagten. Sie wird eine »Jüngerin« genannt, und sie bewies die Realität des neuen Lebens in ihr durch ihre Liebe und ihr Mühen für andere. Sie ist ein Beispiel für den Glauben, der Werke hat (Jak. 2, 14–26).

Wir sind zwar nicht *durch* Werke, aber *zu* guten Werken errettet. »Gott hat sie zuvor bereitet, auf daß wir in ihnen wandeln sollen«

(Eph. 2, 10). »Das Wohltun aber und Mitteilen vergeßt nicht« (Hebr. 13, 16).

Gastfreundschaft

In der Stadt Philippi lebte »eine Frau mit Namen Lydia, eine Purpurhändlerin aus der Stadt Thyatira, welche Gott anbetete« (Apg. 16, 14). Sie war eine Heidin, aber sie traf sich regelmäßig zum Gebet mit jüdischen und anderen gottesfürchtigen heidnischen Frauen. Da in Philippi keine Synagoge war, gingen Paulus und seine Gefährten zu dieser Gruppe von Frauen und lehrten sie. Dabei »tat der Herr der Lydia das Herz auf«. Das geöffnete Herz führte zu einem geöffneten Haus, als sie die Missionare drängte, ihre Gastfreundschaft anzunehmen. So entstand in ihrem Hause die erste Gemeinde in Europa. Ein geöffnetes Herz – ein geöffnetes Haus – ein geöffneter Kontinent!
Petrus ermahnt uns, »gastfrei gegeneinander zu sein ohne Murren« (1. Petr. 4, 9). In Hebräer 13, 2 werden wir aufgefordert, »die Gastfreundschaft nicht zu vergessen, denn durch dieselbe haben etliche ohne ihr Wissen Engel beherbergt«. Wie viele von uns mögen die Gelegenheit versäumt haben, Engel zu beherbergen, weil es uns an Gastfreundschaft mangelte?

Dienst am Evangelium

Paulus erwähnt in Römer 16 eine Reihe von Frauen als Gehilfinnen und Mitarbeiterinnen. *Phoebe* war »eine Dienerin der Gemeinde in Kenchreä . . . und vielen als ein Beistand«. *Priscilla,* Mitarbeiterin des Paulus »in Christus«, diente mit ihrem Mann in Korinth, Ephesus und Rom. Die Gemeinde traf sich in ihrem Hause, und sie waren bereit, ihr Leben für Paulus hinzugeben. *Maria* »hatte sehr für euch gearbeitet«. *Tryphäna* und *Tryphosa* »arbeiteten im Herrn«. *Persis* »arbeitete viel im Herrn«. Im Brief an die Philipper erwähnt Paulus *Evodia* und *Syntyche,* Frauen, »die mit mir im Evangelium gekämpft haben« (Phil. 4, 2–3).
Es wird nicht im einzelnen angegeben, welche Art von Arbeit diese

Frauen verrichteten. Die Ausdrücke »Dienerin, Beistand, Mitarbeiterin« lassen einen Hilfsdienst vermuten. Die Annahme, diese Frauen hätten, wie Paulus, im Predigt- und Lehrdienst gestanden (was einige gern erkennen möchten) entbehrt der biblischen Grundlage. Die Tatsache, daß sie »arbeiteten und viel arbeiteten« läßt erkennen, daß sie mit Eifer und Ergebenheit ihrem Herrn dienten. Was sie taten, taten sie von Herzen für den Herrn, und »an solchen Opfern hat Gott Wohlgefallen« (Hebr. 13, 16).

Zum weiteren Studium

Suchen Sie Hinweise auf andere Frauen in der Bibel und notieren Sie ihre Wesenszüge, die Ihrer Meinung nach Gott wohlgefällig sind.

_____

_____

_____

_____

_____

Persönliche Fragen zum Nachdenken

1. Treffen irgendwelche dieser Wesenszüge, die Gott so wohlgefällig sind, auf mich zu?

_____

_____

_____

2. Gibt es ein – oder auch mehrere Gebiete, in denen ich in besonderer Weise versage?

_____

_____

_____

3. Will ich mir vornehmen, mit Gottes Hilfe dem Vorbild dieser Frauen nachzueifern? Welche Ziele möchte ich mir ab heute setzen? Beginnen Sie sofort!

_____

_____

_____

Beten Sie, daß Gott Ihnen helfen möge, die Wesenszüge in Ihrem Leben zur Entfaltung zu bringen, die er von Ihnen erwartet, daß er Ihnen Gnade geben möge, sich den Gebieten zu widmen, in denen Sie in besonderer Weise versagen, daß er Ihnen die Entschlossenheit geben möge, dem Beispiel der in dieser Lektion geschilderten Frauen nachzueifern, daß er Ihnen helfen möge, sofort zu beginnen.

Mein persönliches Gebet

_____

_____

_____

_____

_____

7 Die Rolle der Frauen in der Gemeinde

(1. Kor. 11, 3–16)

Im Laufe der Zeit ist viel über die Rolle der Frauen in der Gemeinde gesprochen und geschrieben worden, und es ist hier nicht möglich, in die Einzelheiten zu gehen. Aus dem Studium der Heiligen Schrift ergeben sich ganz deutlich drei Grundwahrheiten:

1. Frauen und Männer sind gleich in bezug auf ihre Stellung vor Gott und ihre geistlichen Vorrechte.
2. Gleichheit der Stellung schließt nicht Gleichberechtigung von Tätigkeit und Verantwortlichkeit ein. Die geschlechtsbedingten Unterschiede bleiben.
3. Der Dienst der Frauen ist von großer Bedeutung für das Gedeihen der Gemeinde.

Gleich –

Obwohl man ihn einer frauenfeindlichen Einstellung beschuldigte, hatte der Apostel Paulus den Frauen gegenüber die gleiche Haltung wie sein Herr. Er schätzte es, daß eine Gruppe von Frauen in Philippi zum Gebet zusammenkam, und schloß sich ihnen an (Apg. 16, 13). Er nahm die Gastfreundschaft der Lydia an und gründete in ihrem Hause die erste Gemeinde Europas. Er nannte Evodia und Syntyche seine Mitarbeiterinnen (Phil. 4, 2–3), und empfahl den Römern Priscilla, Phoebe und andere Frauen wegen ihrer vielen Arbeit und Hilfe im Werk des Herrn (Röm. 16). Er stellte die Gleichheit von Männern und Frauen auf geistlichem Gebiet klar heraus. »Ihr alle seid Söhne Gottes durch den Glauben an Christum Jesum ... Da ist nicht Jude noch Grieche, da ist nicht Sklave noch Freier, da ist nicht Mann und Frau; denn ihr alle seid einer in Christus Jesus« (Gal. 3, 26–28). Ob Mann oder Frau, wir stehen gleich vor Gott. Gerechtfertigt durch den Glauben haben wir

Frieden mit Gott, erfreuen uns seiner Gnade und rühmen uns in der Hoffnung der Herrlichkeit Gottes (Röm. 5, 1–2). Aber obwohl die Gleichheit herausgestellt wird, werden die Unterschiede nicht verneint. Juden bleiben Juden, Griechen waren auch weiterhin Griechen; Männer und Frauen blieben das, was sie waren.

Aber verschieden!

Die geschlechtlichen Unterschiede wurden von Gott bei der Schöpfung eingesetzt, und zwar verfolgte er damit einen bestimmten Zweck. Gott hatte für den Mann und die Frau verschiedene Aufgaben und Verantwortungsbereiche vorgesehen. *Beide* sind wichtig, um Gottes Ziele zu erreichen. Gott wies in seiner Souveränität jedem seiner Geschöpfe eine Stellung in seiner Ordnung zu. Dem Mann gab er die Stellung besonderer Verantwortlichkeit, der Frau die Rolle, den Mann zu ergänzen (1. Mose 2, 18). Hier ging es nicht um Überlegenheit oder Minderwertigkeit: Hier haben wir ganz einfach Gottes Ordnung und Plan – gleich in Wert und Stellung, aber verschieden in der Rangordnung und in der Tätigkeit.

Wir haben gesehen, daß der Herr Jesus Frauen annahm und schätzte, aber unter den zwölf Jüngern befand sich keine Frau. Bei der Einsetzung des Herrenmahls war keine Frau zugegen. Keine Frau wird als Missionarin erwähnt oder als Verfasserin eines Buches im Neuen Testament, keine Frau als Leiterin in einer Gemeinde. Ganz offensichtlich ist eine führende Stellung, ein öffentliches Hervortreten nicht einer Frau bestimmt. Das heißt aber nicht, daß die Rolle der Frau unbedeutend oder von geringem Wert ist.

Dienst der Frauen

Alle Gläubigen, Frauen wie Männer, haben geistliche Gaben empfangen für ihren Dienst als Glieder am Leibe des Christus. *Alle* sind wichtig für das Wohl der örtlichen Gemeinde. Nur, wenn *jedes* einzelne Glied seinen Platz erkennt, werden die Bedürfnisse des ganzen Leibes erfüllt (Eph. 4, 16). Wenn wir keinen Dienst in der

Gemeinde tun, ist das nicht Mangel an Gabe oder Gelegenheit, sondern eine Folge innerer Unfruchtbarkeit. Wir werden die geistlichen Gaben und ihre Anwendung später behandeln.

Schon auf den vorhergehenden Seiten haben wir etwas vom Dienst der Frauen im Neuen Testament gelernt – Lob und Anbetung, Gastfreundschaft, Lehre, gute Werke, Dienst am Evangelium. Nach der Himmelfahrt des Herrn waren neben den Jüngern auch Frauen zum Gebet im Obersaal versammelt (Apg. 1, 14). Wahrscheinlich waren sie auch bei der Ausgießung des Heiligen Geistes (Apg. 2) dabei.

Viele Frauen wurden in den ersten Tagen der Gemeinde errettet (Apg. 5, 14). Sie wurden genau so wie die Männer verfolgt (Apg. 8, 3). Sie trugen auf wertvolle Weise zur Ausbreitung des Christentums im ersten Jahrhundert bei. Gary Inrig sagt: »Jede Gabe, die Gott einer Frau gegeben hat, wird von der Gemeinde benötigt und kann tatkräftig und wirksam in biblischem Sinn zur Verherrlichung des Herrn Jesus genutzt werden.«

Was ist mit »in biblischem Sinn« gemeint? Aus dem ganzen Inhalt und der Lehre des Neuen Testaments müssen wir erkennen, *wie* wir Gott nach seinem Willen dienen sollen. Ein Soldat mag bestens ausgebildet und vorzüglich bewaffnet sein, aber er handelt nicht aus eigener Initiative, er wartet auf den Befehl seines Vorgesetzten. Es hat einmal jemand gesagt: »Man muß den Anweisungen des Schöpfers gehorchen, um wirkliche Erfolge haben zu können.« Wir müssen die Anordnungen des Hauptes der Gemeinde kennen, so wie er sie uns in seinem Wort geoffenbart hat. Es ist nicht Gottes Wille, die Gaben zu *unterdrücken*, die er den Frauen gegeben hat, sondern den Rahmen abzustecken, in dem sie genutzt werden sollen.

Führende Stellung und Unterordnung

Beginnend mit der Schöpfungsordnung, ziehen sich die Grundsätze über führende Stellung, Unterordnung und Autorität durch die ganze Bibel. Adam wurde zuerst geschaffen, danach Eva. Der zuerst Geschaffene soll verantwortlich sein für die Autorität; die danach Geschaffene soll folgen und unterwürfig sein. »Der Mann

52

ist nicht von der Frau, sondern die Frau von dem Manne. Denn der Mann wurde auch nicht um der Frau willen geschaffen, sondern die Frau um des Mannes willen« (1. Kor. 11, 8–9). Die Frauen wehren sich gegen die Schöpfungsordnung, weil die Männer sich fälschlicherweise angemaßt haben, die Vorrangstellung als Überlegenheit zu deuten, und eine herrschende Rolle übernommen haben. Das war nicht Gottes Absicht.

Der Apostel Paulus stellt den Grundsatz der führenden Stellung klar heraus: »... der Christus ist das Haupt eines jeden Mannes; das Haupt der Frau ist der Mann, und das Haupt des Christus ist Gott« (1. Kor. 11, 3). Hier haben wir die drei großen Linien im Hinblick auf die Unterordnung. Eine führende Stellung ist nicht dazu bestimmt, irgend jemanden herabzusetzen. War der Christus weniger wert, weil er untergeordnet war? Wenn Gott das Haupt des Christus ist, dann wird damit keineswegs die Person oder die Gottheit des Christus in Frage gestellt.

Gott hat jedem Geschöpf einen Platz in der von ihm geschaffenen Welt zugewiesen. Für die Ordnung darin sind Autorität und Unterordnung wichtig. Da Gott dem Mann die Autorität gegeben hat, müssen wir den Platz einnehmen, den er den Frauen gegeben hat, mit den dazugehörigen Verantwortlichkeiten und Vorrechten – und wir sollen diesen Platz freudig einnehmen in dem Bewußtsein, daß Unterordnung (nach dem weisen Plan Gottes) für uns der Weg zum Segen und zur Erfüllung ist. Wir sollen einzig und allein nach Gottes Willen handeln. Wollen wir Gott unseren Herrn sein lassen?

Das bedeckte Haupt

In dem Abschnitt 1. Korinther 11, 3–16, in dem wir über die Vorrangstellung belehrt werden, wird gesagt, daß dieser Grundsatz in der Gemeinde dadurch *gezeigt* werden soll, daß die Frauen eine Kopfbedeckung, einen Schleier tragen sollen. J. R. Nicholson schreibt: »Wenn ein Mann mit Kopfbedeckung und eine Frau ohne Kopfbedeckung erscheinen, dann ist das eine ganz klare Verleugnung der göttlichen Belehrung über die Vorrangstellung.« Er erklärt dies damit, daß Gottes Autorität nicht mißachtet werden, seine Herrlichkeit nicht verborgen bleiben darf; daher muß das

Haupt eines Mannes unbedeckt bleiben, wenn er seine geistliche Aufgabe in der Gemeinde erfüllt. Gleichzeitig »ist die Frau die Herrlichkeit des Mannes«, und diese Herrlichkeit darf *nicht* gezeigt werden, und daher soll die Frau sich bedecken – denn Gott allein muß verherrlicht werden.

Wann sollen die Frauen eine Kopfbedeckung tragen? Hier stimmen die Ansichten nicht überein, aber wir sind der Meinung, daß in einer Gemeinde, in der Männer anwesend sind, die Frauen ihr Haupt bedecken sollten.

Sollte dies alles nur den damaligen und örtlichen Verhältnissen angepaßt sein oder gilt das auch heute noch für die Frauen? Beachten Sie dazu die Argumente des Paulus:

1. Vorrangstellung ist von Gott angeordnet, nicht von Menschen (1. Kor. 11, 3);
2. Sie basiert auf der Schöpfungsordnung – sie ergab sich nicht aus einer örtlichen (z. B. jüdischen oder griechischen) Gewohnheit. Der Mann wurde zuerst und die Frau für den Mann geschaffen (1. Kor. 11, 8–9).

Daher ist das eine grundsätzliche Anordnung, die nicht für unterschiedliche örtliche und zeitliche Verhältnisse abgeändert werden kann. Vorrangstellung ist ein bleibender Grundsatz; Anerkennung und Bekundung der Unterordnung müssen uns daher ein Anliegen sein, wenn wir Gott gefallen wollen.

Rebekka nahm einen Schleier und verhüllte sich damit, als sie Isaak traf (1. Mose 24, 65–67). Dies war ein bedeutungsvoller Brauch bei der Hochzeit, mit dem die Frau bekundete, daß ihr Mann ihr Haupt war. Die Kopfbedeckung – Schleier oder Hut – hat heute, zumindest in der westlichen Welt, nicht die Bedeutung der Unterordnung. Aber sollte nicht die gläubige Frau, die dem Herrn gefallen möchte, dankbar sein, auf diese Weise *dem Herrn* ihre Herzensunterwürfigkeit zeigen zu können, wenn es schon wenig andere Möglichkeiten dafür gibt?

Möchte Gott uns Gnade schenken, daß wir uns unterordnen können, um so unseren Männern und den Engeln unseren »sanften und stillen Geist« zu zeigen, der so kostbar vor Gott ist (1. Petr. 3, 4).

Persönliche Fragen zum Nachdenken

1. Erkenne ich klar, daß sowohl die geistliche Gleichheit von Männern und Frauen im Wert vor Gott *als auch* Unterschiede in ihrer Rangordnung und ihren Tätigkeiten in der Bibel gelehrt werden?

_____

_____

_____

2. Sind mein geistlicher Zustand und mein Dienst wichtig für das Leben in meiner örtlichen Gemeinde? Werde ich wirklich gebraucht? Würde ich vermißt werden?

_____

_____

_____

3. Bekunde ich meine Bereitschaft zur Unterordnung, indem ich in den Gemeindestunden eine Kopfbedeckung trage? Oder wehre ich mich gegen dieses Sinnbild der Unterordnung? Wenn ich in meinem Herzen wirklich bereit bin, mich unterzuordnen, lehne ich dann dieses Sinnbild ab?

_____

_____

_____

Beten Sie, daß Gott Ihnen helfen möge, *Ihre* Stellung vor ihm zu erkennen, daß Ihre geistliche Verfassung und Ihr Dienst zum Leben in Ihrer örtlichen Gemeinde beitragen, daß Sie Gottes Willen gehorsam sein möchten.

Mein persönliches Gebet

_____

_____

_____

_____

_____

8 Weitere Belehrungen für die Frauen

Belehrungen für Ehefrauen

An dieser Stelle ist es gut, auf drei andere Bibelstellen hinzuweisen, die von Unterordnung handeln. Sie werden besonders an Ehefrauen gerichtet. »Ihr Frauen, unterordnet euch euren Männern als dem Herrn, denn der Mann ist das Haupt der Frau, wie auch der Christus das Haupt der Gemeinde ist, er als des Leibes Heiland. Wie nun die Gemeinde sich dem Christus unterordnet, so auch die Frauen ihren Männern in allem« (Eph. 5, 22–24; siehe auch Kol. 3, 18). Beachten Sie, daß die Betonung auf »unterordnet euch« liegt, womit ein freiwilliges Auf-sich-nehmen dieser Stellung zum Ausdruck kommt. Die darauf folgenden Verse Eph. 5, 25–33 legen eine sehr schwere Bürde an Verantwortung auf die Ehemänner. »Ihr Männer, liebet eure Frauen, *gleichwie auch der Christus* die Gemeinde geliebt und sich selbst für sie hingegeben hat . . .« Gott hat den Ehemann mit der Vorrangstellung beauftragt, die er in Liebe ausüben soll. Er gibt der Ehefrau den Auftrag, dem Mann zu helfen, diese Stellung recht einzunehmen – nicht es ihm schwerzumachen. Die Unterordnung der Frauen unter ihre Ehemänner, so wie die Gemeinde unter den Christus, ist ein wesentlicher Bestandteil der Botschaft der Gemeinde. Sie ist ein anschauliches Bild der göttlichen Wahrheit.

In 1. Petrus 3, 1–4 lesen wir: »Ebenso ihr Frauen, unterordnet euch den eigenen Männern, damit sie, wenn auch einige dem Worte nicht gehorchen, ohne Wort durch den Wandel der Frauen gewonnen werden, indem sie euren in Furcht reinen Wandel angeschaut haben. Euer Schmuck sei nicht der äußerliche durch Flechten der Haare und Umhängen von Gold oder Anziehen von Kleidern, sondern der verborgene Mensch des Herzens in unverweslichem

Schmuck des sanften und stillen Geistes, der vor Gott sehr köstlich ist.«

Obwohl diese Anweisungen an und für sich den Ehefrauen gegeben sind, so lassen sie doch ganz klar erkennen, welcher Wesenszug bei Frauen, ob verheiratet oder ledig, Gott wohlgefällig ist. Sicher sollten wir alle einen keuschen Lebenswandel führen, wobei wir nicht auf äußeren Schmuck, sondern auf charakterliche Schönheit Wert zu legen haben. Die Kostbarkeit des ruhigen und stillen Geistes steht doch wohl in einem krassen Gegensatz zur Selbstbehauptung, dem lauten Reden und der Streitlust, wie wir es heute bei manchen Frauen sehen. Wir werden ermahnt, nicht der Welt gleichförmig zu sein, sondern uns verwandeln zu lassen durch die Erneuerung unseres Sinnes (Röm. 12, 2).

Unterordnung fällt niemandem leicht; Selbstbehauptung ist die natürliche menschliche Wesensart. Wir werden aber aufgefordert, in unserem Leben die Gesinnung des Christus zu zeigen, »der – sich selbst zu nichts machte . . . und sich erniedrigte . . . bis zum Tode am Kreuze« (Phil. 2, 5–8) – um unseretwillen. Wie könnten wir besser zeigen, daß der Christus in uns lebt, als durch Unterordnung, seinem Beispiel folgend? Er sagte: »Nehmet auf euch mein Joch und lernt von mir, denn ich bin *sanftmütig und von Herzen demütig*« (Matth. 11, 29).

Noch einmal betonen wir ausdrücklich, daß Unterordnung nicht Minderwertigkeit noch Schwäche, sondern vielmehr Charakterstärke bedeutet. »Wer seinen Geist beherrscht, ist besser, als der, der eine Stadt erobert« (Spr. 16, 32).

Noch ein abschließendes Wort zur Unterordnung. Diese Verpflichtung gilt offensichtlich nicht nur den Ehefrauen oder den Frauen allgemein, sondern im weiteren Sinn allen Gläubigen. Paulus schreibt: »Werdet voll Geist . . . und ordnet euch einander unter in der Furcht Christi« (Eph. 5, 18–21, siehe auch 1. Petr. 5, 5). Jeder Gläubige sollte sich unterordnen können, zunächst einmal, um den Christus als Herrn über alles anzuerkennen, und dann, um sein Leben darzulegen im Dienst für andere (1. Joh. 3, 16).

Gläubige Frauen haben es nicht nötig, durch äußeren Schmuck die Aufmerksamkeit auf sich zu ziehen, oder durch öffentliche Tätigkeit nach Ansehen und Geltung zu streben. Im Bewußtsein ihrer Stellung vor Gott und der Wertschätzung, die sie in seinen Augen haben, besitzen sie innere Würde und Schönheit. Die heidnische Welt nahm damals die Bescheidenheit und Einfachheit der Christinnen wahr und bemerkte den Gegensatz zu Ausschweifung und Unmoral der heidnischen Frauen. Ein Heide, Libanius, sagte: »Was haben diese Christen für Frauen!«

Der Grundsatz des Schweigens

(1. Kor. 14, 34–35; 1. Tim. 2, 11–15)

Eng verknüpft mit Rangstellung und Unterordnung ist der göttliche Grundsatz, daß die Frauen in den Gemeindezusammenkünften schweigen sollen. Paulus schreibt: »Eine Frau lerne in der Stille in aller Unterordnung. Ich erlaube aber einer Frau nicht, zu lehren, noch über den Mann zu herrschen, sondern daß sie sich in der Stille halte« (1. Tim. 2, 11–12).
Das Verbot besagt, daß Frauen nicht Männer belehren oder in gemeindlichen Angelegenheiten über sie herrschen sollen. Das wird begründet mit den Bibelworten »denn Adam wurde zuerst gebildet, danach Eva; und Adam wurde nicht betrogen, die Frau aber wurde betrogen und fiel in Übertretung« (1. Tim. 2, 13–14). Der Apostel Paulus führt hier als Grund die Schöpfungsordnung und den Sündenfall dafür an, daß die Frau zu schweigen hat – nicht irgendeine kulturelle oder örtliche Gelegenheit, die sich im 1. Jahrhundert ergeben hatte. Daher ist diese Forderung auch für uns heute bindend. (Beachten Sie auch, daß Paulus in 1. Tim. 2, 8 das öffentliche Gebet nur den Männern aufträgt.)
Auch den Gläubigen in Korinth schrieb Paulus: »Eure Frauen sollen in den Gemeinden schweigen, denn es wird ihnen nicht erlaubt, zu reden, sondern sie sollen sich unterordnen . . . Es ist schändlich für eine Frau, in der Gemeinde zu reden« (1. Kor. 14, 34–35). Einige behaupten, Paulus würde hier Geplauder oder Geschwätz von Frauen während eines Dienstes verbieten; aber das Wort, das hier mit »reden« übersetzt wird, hat nicht die Bedeutung von »schwätzen«. Das gleiche Wort haben wir in Vers 21, wo es heißt, daß Gott »redet«.
Beachten Sie, daß das ganze 14. Kapitel des 1. Korintherbriefes von

der *Ordnung* bei den Gemeindezusammenkünften handelt und der Auferbauung der Gemeinde (V. 4, 5, 12, 19, 23, 33). Es regelt Angelegenheiten wie Zungenreden, Prophetendienste und gibt Anweisungen für die Frauen. Ferner wird in diesem Zusammenhang das rechte Betragen der Frauen deutlich herausgestellt: es wird ihnen nicht erlaubt zu lehren, sie sollen sich unterordnen. Öffentliches Lehren würde ihre Unterordnung aufheben. Das Neue Testament sagt klar, daß die Frauen zwar viele bedeutsame Aufgaben haben, ihnen aber kein öffentlicher Dienst in der Gemeinde zugeteilt worden ist. Es ist ihnen sogar nicht einmal erlaubt, öffentlich in der Gemeinde Fragen zu stellen (Vers 35). E.W.Rogers schreibt: »Die ganze Streitfrage hinsichtlich der Stellung der Frauen basiert auf einer übertriebenen Vorstellung von der Bedeutung des Predigtdienstes. Jeder Diener Gottes weiß, daß das Gebet wichtiger ist als die Predigt, und Beten ist gerade das, was die Schwestern tun können, vielleicht besser als die Männer.«

Beachten Sie, daß Paulus sagt: ». . . das, was ich euch schreibe, ist ein Gebot des *Herrn*« (Vers 37). Das bezieht sich auf alles, was vorher geschrieben wurde, einschließlich der Unterweisungen für die Frauen. Es sind also nicht einfach Ideen des Paulus!

Wir können diesen Abschnitt über das Schweigen der Frauen nicht abschließen, ohne auf das einzugehen, was in 1. Kor. 11, 5 geschrieben steht: »Jede Frau aber, die mit unverhülltem Haupt betet oder weissagt, entehrt ihr Haupt.«

Haben Frauen öffentlich gebetet und geweissagt? *Erlaubt* Paulus in 1. Kor. 11 den Frauen öffentlichen Dienst und *verbietet* er ihn in 1. Kor. 14? Wohl kaum! Über die Bedeutung dieses 5. Verses ist, von allen möglichen Gesichtspunkten ausgehend, viel geschrieben worden. Wir möchten nur darauf hinweisen, daß es in Kapitel 11 um die führende Stellung und die Unterordnung geht, nicht um die Ordnung in der Gemeinde. Hier behandelt Paulus nicht die Frage, ob Frauen öffentlich reden sollen oder nicht. Wenn es um diese Frage geht, wenn er über Ordnung in der Gemeinde schreibt (1. Kor. 14 und 1. Tim. 2), dann gibt es keinen Zweifel über seine Belehrung – es wird ganz klar angeordnet, daß die Frauen schweigen sollen.

Wir glauben, daß es in 1.'Kor. 11, Vers 5 grundsätzlich um beten und weissagen der Frau außerhalb der Versammlung geht, etwa in der Familie vgl. Apg. 21, Vers 9 und nicht um eine Unsitte der Frauen in der Versammlung in Korinth. Es soll die Vorrangstellung des Mannes und die untergeordnete Stellung der Frau *vor Gott* (Gebet) angesprochen werden.

Persönliche Fragen zum Nachdenken

1. Mache ich es als Frau meinem Mann schwer, seine Verantwortung als Haupt der Familie wahrzunehmen?

_____

_____

_____

2. Trachte ich als Frau nach charakterlicher Schönheit und einem stillen und sanften Geist – oder suche ich Aufmerksamkeit zu erregen durch äußeren Schmuck, Streitlust, geistreiche Bemerkungen, persönliche Leistungen?

_____

_____

_____

3. Macht mich das Gebot, daß Frauen in der Gemeinde schweigen sollen, aufrührerisch? Wenn ja, bitten Sie den Herrn um Hilfe. Er kann Ihnen zeigen, ob Sie ein inneres Verlangen danach haben, sich selbst in den Vordergrund zu schieben, mit dem Sie sich auseinandersetzen müssen.

_____

_____

_____

Beten Sie, daß Sie in der Lage sein möchten, es Ihrem Mann leicht zu machen, seine Verantwortung als Haupt der Familie wahrzunehmen. Beten Sie um charakterliche Schönheit und um einen stillen und sanften Geist; beten Sie, daß Sie alle Aufsässigkeit und alles Trachten nach Selbst-Erhöhung ablegen können.

Mein persönliches Gebet

_____

_____

_____

_____

_____

9 Die Frauen zu Hause – Verhältnis zum Ehemann

Wir haben schon das Verhältnis zwischen Mann und Frau in der Ehe nach Eph. 5, 22 u. 25 behandelt. »Ihr Frauen, unterordnet euch euren Männern als dem Herrn . . . Ihr Männer, liebt eure Frauen, wie auch der Christus die Gemeinde geliebt und sich selbst für sie hingegeben hat.« Zwei weitere Stellen ermahnen die Frauen, sich ihren Ehemännern zu unterordnen – Kol. 3, 18 und 1. Petr. 3, 1. Was heißt es, sich zu unterordnen? Das Lexikon sagt: »Sich selbst der Autorität oder dem Willen eines anderen zu fügen.« Bedeutet das für die Frau, sich zu erniedrigen? Nein, es ist ganz einfach Gottes Ordnung, bestimmt zum Wohl der Menschheit.

Die Unterschiede zwischen Mann und Frau, so wie sie von Gott festgelegt wurden, sind wichtig. Wenn heute angestrebt wird, sie aufzuheben, dann ist das eine Bedrohung für die Ehe und die Gesellschaft, denn die Ehe ist die Grundlage einer gesunden Gesellschaft. Gottes Ordnung sieht für die Frau Unterordnung vor, die verantwortliche Vor-Rangstellung ist dem Ehemann bestimmt nach dem Vorbild des Christus, der »sich selbst dahingab«. Das Ideal ist liebevolle gegenseitige Rücksichtnahme und Achtung. Diese Haltung gründet sich auf Offenheit und gegenseitige Anteilnahme. Wenn Mann und Frau ein gemeinsames Ziel haben – ein Leben zu führen, das dem Herrn wohlgefällig ist – und wenn sie regelmäßig die Bibel lesen und zusammen beten als »gemeinsame Erben der Gnade des Lebens«, dann bereiten ihnen die Begriffe Unterordnung und Autorität wenig Mühe. Wenn sich beide dem Willen des Herrn fügen, werden alle anderen Beziehungen an die rechte Stelle rücken. Die rechte christliche Ehe ist die Verbindung eines Mannes mit einer Frau, in der beide gleichwertig sind und sich gegenseitig harmonisch ergänzen, weil Gott bei ihnen den ersten Platz im Leben einnimmt.

Wenn der Ehemann seine Pflicht nach Eph. 5, 25 nicht erfüllt, soll sich die Frau doch nach Eph. 5, 22 verhalten. Andererseits soll aber auch der Mann dem Wort Gottes gehorsam sein, wenn die Frau versagt. Jeder hat eine klare Aufgabe und soll sie nicht in Abhängigkeit vom Handeln des anderen erfüllen. Für jeden besteht eine eindeutige Anordnung, die im Gehorsam dem Herrn gegenüber befolgt werden sollte, unabhängig vom Verhalten des anderen. Es hat einmal jemand gesagt: »Wenn der Mann wie ein König behandelt werden will, sollte er seine Frau wie eine Königin behandeln. Wenn er seine Frau wie eine Königin behandelt, wird sie keine Schwierigkeit haben, ihn wie einen König zu behandeln.« Man sollte sich gegenseitig anerkennen (Eph. 5, 33, 1. Petr. 3, 7), die ehelichen Beziehungen beachten (1. Kor. 7, 3–5) und die gegenseitige Abhängigkeit achten (1. Kor. 11, 8–12).

Die Frau muß ihre Verantwortung beim Führen des Haushalts so treu wahrnehmen, wie sie von ihrem Mann die Erledigung seiner täglichen Arbeit erwartet. Sprüche 14, 1 sagt: »Die Weisheit der Frau baut ihr Haus.« Es ist nötig, daß sie die ihr gegebenen Fähigkeiten schöpferisch nutzt. Sicher gibt es bei der Hausarbeit viel Routine und unerfreuliche Aufgaben, aber keine Arbeit darf gering geachtet werden.

Verhältnis zu Kindern

Eine gottesfürchtige Frau und Mutter hat eine große Verantwortung. Beide Elternteile tragen zwar dazu bei, das Kind gottesfürchtig zu erziehen, aber in den ersten Jahren ist doch der Einfluß der Mutter besonders groß. Die Jahre vor der Schulzeit sind entscheidend für die Entwicklung; geistliche Belehrung und das eigene Beispiel können hier nicht hoch genug bewertet werden. Das erkennen wir an den Söhnen von Jokebed und Hanna.

Es wird immer wieder betont, wie wichtig die *Liebe* für die Entwicklung der Säuglinge und Kleinkinder ist. Wir hören nur zu oft erschütternde Berichte über mißhandelte und vernachlässigte Kinder, über Abtreibung, über traurige, unerwünschte Kinder. Als christliche Frauen sollten wir unsere Liebe nicht nur unseren eigenen Kindern zukommen lassen, sondern auch allen, mit denen wir in Berührung kommen – besonders denen, die sie dringend brauchen. Der Herr Jesus sagte: »Wer eins von solchen Kindern aufnehmen wird in meinem Namen, nimmt mich auf« (Mark. 9, 37).

Wenn heute viele Frauen außerhalb ihres Hauses arbeiten, dann tun wir gut daran, uns einmal hierüber Gedanken zu machen. Bei wirtschaftlichen Schwierigkeiten – und da kann es viele geben – bedarf das keiner Frage. Aber wenn eine Mutter nur arbeitet, um die Anschaffung einiger »Extras« für die Familie oder das Haus zu ermöglichen, um einen »höheren« Lebensstandard zu sichern, dann sollte sie ernsthaft prüfen, ob sie nicht mehr verliert als gewinnt. Kein Babysitter, kein Kindermädchen kann die Liebe oder die Unterweisung der Mutter ersetzen. Die Tage vor der Schulzeit sind zu kostbar und zu kurz, und die Mutter sollte sich Zeit nehmen, mit ihrem Kind spazieren zu gehen und in ihm das Verständnis für die Natur zu wecken. Sie sollte ihm vorlesen, mit ihm singen und beten, mit ihm spielen; sie sollte mit ihm gemeinsam die aufregenden Dinge der Umgebung entdecken, sollte es den Gegensatz zwischen Gut und Böse lehren und ihm schließlich klarmachen, daß es von Gott geschaffen und in Gottes Augen wertvoll ist.

Diese erste Zeit der Unterweisung ist wichtig, wenn das, was das Kind so aufgenommen hat, in und durch die Zeit des Heranwachsens bewahrt werden soll. Wenn es eben möglich ist, sollte auch die Mutter da sein, wenn die Kinder zu Hause sind.

Es hat einmal jemand gesagt: »Das Zuhause sollte einen lieblichen Geruch haben« – von Plätzchen und Brotbacken! Es sollte ein Ort der Behaglichkeit und der Liebe, der Wärme und des Willkommens sein – ein Ort, wo es uns gefällt, denn die Liebe hilft uns, alles von der schönen Seite zu sehen. Welche Erinnerungen an das Zuhause werden unsere Kinder ihr Leben hindurch haben? Für eine Frau kann das Bereiten eines »Zuhause« die schönste Beschäftigung sein, bei der sie schöpferisch tätig ist und volle Befriedigung findet.

Belehrung und Erziehung der Kinder sind ein wesentlicher Teil der Arbeit einer Mutter. Sie unterliegen eigentlich der Verantwortung von Mutter und Vater, aber da die meisten Väter während des Tages nicht zu Hause sind, fällt ein Großteil dieser Aufgabe der Mutter zu. Ihre Richtschnur muß das Wort Gottes sein, und nur das Gebet und die Abhängigkeit vom Herrn befähigen sie, diese Verantwortung zu übernehmen.

In 5. Mose 6, 6–7 heißt es: »Und diese Worte, die ich dir

heute gebiete, sollen *auf deinem Herzen* sein. Und du sollst sie deinen Kindern *einschärfen* und davon reden, wenn du in deinem Hause sitzest, und wenn du auf deinem Wege gehst, und wenn du dich niederlegst, und wenn du aufstehst.« Diese Anweisungen wurden Israel durch Mose gegeben; für uns gelten sie sinngemäß genau so. Das Wort muß *zunächst* auf *unseren* Herzen sein.»Laßt das Wort des Christus reichlich in euch wohnen« (Kol. 3, 16). Keine Mutter kann auf ihre tägliche »stille Zeit« mit dem Herrn verzichten, d. h. das Wort zu lesen und zu beten. Und welch eine große Aufgabe ist es, unsere Kinder über den Herrn zu belehren. Das sollte beginnen, wenn die Kinder klein sind. Es muß ein selbstverständlicher Teil des Tagesablaufes sein: über Gott zu sprechen, wenn wir im Hause sind, wenn wir spazieren gehen, vor dem Schlafengehen und am Morgen, wie es 5. Mose 6 empfiehlt. Jeder Tag muß auch eine bestimmte Zeit haben, in der die ganze Familie gemeinsam die Bibel liest und betet. Das kann zum Frühstück sein oder zum Abendessen oder zu sonst irgendeiner Zeit; aber sie sollte zum festen Plan der Familie gehören und sorgfältig eingehalten werden.

Erziehung ist ein Wort, das wir mit Vorsicht gebrauchen; dabei hat es nur die Bedeutung, unseren Kindern Grenzen zu setzen und Richtungen zu weisen. Wenn Kinder solche Grenzen absichtlich überschreiten, zieht das Strafe nach sich. Wenn das Kind Ordnung kennt und weiß, daß Ungehorsam folgerichtig bestraft wird, dann bekommt es ein Gefühl für Vertrauen. In Eph. 6, 4 heißt es: »Reizt eure Kinder nicht zum Zorn« (schelten und nörgeln Sie nicht und machen Sie sie nicht zornig und empfindlich). Wir müssen selbst unsere eigenen christlichen Werte und Normen für das Familienleben einhalten und sie dann unsere Kinder lehren, bis sie selbst beginnen, ihre Wahl zu treffen auf der Grundlage dessen, was sie gelernt haben. So müssen wir sie lehren.

Vor allem müssen und können wir für unsere Kinder *beten.* Als Beispiel haben wir hierfür Abraham (1. Mose 17, 18) und David (1. Chron. 29, 19). Wir werden davor gewarnt, ein Kind mehr zu lieben und es dem anderen vorzuziehen, und haben dafür die traurigen Beispiele von Isaak und Rebekka (1. Mose 25, 28) sowie Jakob (1. Mose 37, 3). Wir sehen auch, welcher Bruch darauf im Familienleben folgte. Weiter werden wir davor gewarnt, falsche

Nachsicht zu üben und unsere Kinder nicht zurechtzuweisen, wenn wir die tragischen Folgen in Elis Familie sehen. Gott richtete, weil »seine Söhne sich den Fluch zuzogen, und er (Eli) ihnen nicht gewehrt hat« (1. Sam. 3, 13).

Nachbarschaft

Der Einfluß eines christlichen Heimes kann über die Mauern dieses Hauses hinausgehen. Unterscheidet sich unsere Lebensweise nicht von der unserer Nachbarn? Oder sehen sie in unserer Familie etwas, was ihnen fehlt und was sie gern haben möchten? Die Atmosphäre eines wirklich christlichen Hauses ist vielleicht etwas ganz Neues für die Freunde Ihrer Kinder und für Ihre Nachbarn, die mal bei Ihnen hereinschauen. Eine glückliche, zusammenhaltende Familie in einem Heim, in dem die Liebe herrscht, ist heute nichts Selbstverständliches sondern ein Anziehungspunkt.
Der erste Teil dieses Abschnitts, der sich auf Ehefrauen und Mütter bezieht, handelt nicht von der alleinstehenden Frau. Aber auch alleinstehende Frauen haben ihr Heim und Nachbarn, denen sie die Liebe des Christus zeigen können. Wirkliche Freundschaft und die Bereitschaft, anderen zu helfen, wird immer geschätzt.

Charakter und Kleidung

1. Tim. 3, 11 und Tit. 2, 3–5 sind zwei Bibelstellen, die vom Charakter der gläubigen Frau sprechen. Die dort genannten Eigenschaften können wir zusammenfassen mit den Worten: würdevoll, besonnen, selbstbeherrscht, zuverlässig, liebevoll, vertrauenswürdig und keusch.
Was die Kleidung betrifft, so betont 1. Petr. 3, 3–4 den Schmuck des sanften und stillen Geistes und nicht äußerlichen Schmuck. 1. Tim. 2, 9–10 fordert sittsame, unauffällige Kleidung, so daß wir nicht in ungebührlicher Weise die Aufmerksamkeit auf uns ziehen. Laßt uns, wie in allem, auch in diesem Punkt danach streben, Gott wohlgefällig zu sein. Laßt uns darauf bedacht sein, mehr Zeit zu verwenden für die Auferbauung unseres Charakters und unserer inneren Werte, als für den Schmuck unseres Körpers.

Unser Haus dem Herrn zur Verfügung stellen

Gastfreundschaft ist ein Dienst, der vom Herrn sehr hoch bewertet wird (1. Petr. 4, 9; Hebr. 13, 2). Es ist nicht nötig, ein großes, gut eingerichtetes Haus und reiche Vorräte zu haben. Eine einzelne Person, die in einem Raum lebt, kann Gastfreundschaft üben. Ein herzliches Willkommen und einfaches Essen bereitet Freude, und alleinstehende Frauen, die Gastfreundschaft praktizieren, haben einen reichen Lebensinhalt.

Christlicher Dienst kann zu Hause weitergeführt werden. Hier einige Anregungen:

1. *Kinder-Treffen.* Viele Kinder sind für den Herrn gewonnen worden bei Zusammenkünften der Kinder zu Hause. Wer das Gefühl hat, nicht lehren zu können, kann sein Haus an einem Nachmittag in der Woche zur Verfügung stellen und dem Kinderarbeiter auf mancherlei Weise helfen.

2. *Kaffee-Kränzchen für Frauen.* Das hat sich sehr erfolgreich erwiesen, um einmal Ungläubige zu erreichen und dann jungen Christen zu helfen, im Glauben zu wachsen. Auch hier können diejenigen, die ihrer Meinung nach nicht lehren können, ihr Haus zur Verfügung stellen, Nachbarn einladen, Kaffee anbieten und durch Gebet den unterstützen, der die Gruppe leitet.

3. *Studiengruppen für Ehepaare.* Ehepaare, die sich abends treffen, um die Bibel zu studieren, werden in der Kenntnis des Wortes wachsen und können oft eine tiefe und dauernde Freundschaft schließen.

4. *Andere Dienste.* Vielleicht ist jemand der Meinung, für solche Dienste nicht geeignet zu sein. Dann gibt es andere Arbeiten, die man zu Hause tun kann, z. B.

a) jemanden anrufen, der krank ist oder allein steht;

b) backen oder kochen, um einer Familie oder einem Freund in der Not zu helfen (man kann so auf praktische Weise Liebe üben);

c) wenn man Geschick zum Nähen oder Stricken hat, kann man für andere Handarbeiten machen;

d) Briefe an Missionare oder Gefängnisinsassen schreiben (selbstverständlich auch an Familienangehörige und Freunde);

e) beten! Dies ist die wichtigste Aufgabe aller und die vielleicht am meisten vernachlässigtste.
Aber »was immer ihr tut, tut *alles* zur Ehre Gottes« (1. Kor. 10, 31).

Persönliche Fragen zum Nachdenken

1. Fühle ich mich ungerecht behandelt, wenn ich lese »Ihr Frauen, unterordnet euch . . .«?

2. Habe ich heute versucht, einige meiner Haushaltspflichten zur Ehre des Herrn zu erfüllen?

3. Falls ich außerhalb des Hauses arbeite, habe ich dann sorgfältig überdacht, was ich gewinne und was ich einbüße? Lohnt es sich im Hinblick auf persönliche und geistliche Bedürfnisse meiner Familie? Ist es nur, um meinen häuslichen Pflichten, die mir lästig sind, zu entfliehen?

4. Hatte ich heute meine »stille Zeit« mit dem Herrn? Habe ich ernstlich für meinen Mann und meine Kinder gebetet?

_____

_____

5. Wie kann ich dem Herrn mein Haus zur Verfügung stellen?
Kann ich heute etwas tun?

_____

_____

_____

Beten Sie, daß Gott Ihnen helfen möge, sich den Belehrungen der Schrift zu unterordnen; daß er Ihnen helfen möge, Ihre Haushaltsarbeiten zu seiner Ehre zu tun; daß er Ihnen helfen möge, über die wirklichen Gründe nachzudenken, weshalb Sie außerhalb des Hauses arbeiten; daß er Ihnen helfen möge, Ihren Tag so einzuteilen, daß Sie Zeit zum Bibellesen und Gebet haben können; daß er Ihnen helfen möge, ernstlich für Ihren Mann, Ihre Kinder und Ihre Familie zu beten; daß er Ihnen helfen möge, Ihr Haus zu seiner Verherrlichung zu führen.

Mein persönliches Gebet

_____

_____

_____

_____

_____

10 Dienst der Frauen außerhalb des Hauses

Im Geschäfts- und Berufsleben

In unserem letzten Kapitel haben wir einige Möglichkeiten behandelt, wie Frauen Gott in ihrem Heim dienen können. Auch für jene, die im Beruf stehen, bieten sich Möglichkeiten, ein wirksames Zeugnis für ihn zu sein. Ihr Zeugnis ist zunächst ihre ganze Lebensweise – ihre Persönlichkeit, ihre Haltung, ihre Interessen –, die den Weg zum gesprochenen Zeugnis freimacht, wenn man die Gelegenheiten sucht. In welcher Lage wir auch sein mögen, wir können für unseren Herrn als Licht leuchten. Wir müssen darauf achten, daß wir, wenn wir ein Zeugnis sein wollen, nicht unserem Arbeitgeber die Zeit stehlen. Wir sollen treu und ehrlich die Arbeit tun, für die wir bezahlt werden. Paulus schreibt den Gläubigen in Kolossä, daß sie ihre Arbeit tun sollten »nicht in Augendienerei« (wenn andere beobachten), sondern »in Einfalt des Herzens, den Herrn fürchtend. . . arbeitet von Herzen, als dem Herrn und nicht den Menschen«! (Kol. 3, 22–23).

In der Gemeinde

In der örtlichen Gemeinde ist der Dienst der Frauen überaus wertvoll. Sie sind im allgemeinen verantwortlich für die Kinderarbeit in der Sonntagschule und in Bibelfreizeiten, sie leiten das Bibelstudium in Frauenkreisen, sind tätig in Gebetskreisen für Missionare, dienen mit Besuchen und praktischer Hilfe bei Kranken und Bedürftigen – sie helfen sowohl in geistlicher als auch in materieller Hinsicht. Wenn Besucher unserer Gemeinden herzlich empfangen werden, dann ist das in erster Linie auf die Frauen zurückzuführen, die sich von Gott leiten lassen. Welch eine Hilfe ist es für die Männer, die die Verantwortung für die Leitung und Belehrung der Gemeinde tragen, wenn sie die Ermunterung und

Gebetsunterstützung der Frauen haben! Unsere Haltung und unsere geistliche Verfassung sind *nicht* unwichtig, wenn auch unsere Stimmen bei den öffentlichen Zusammenkünften nicht gehört werden. Wir sind ein Leib (der Leib des Christus), und der Zustand jedes Gliedes wirkt sich auf den ganzen Leib aus. Es braucht nicht gesagt zu werden, daß der Beitrag der Frauen zu der Gemeinschaft im Gemeindeleben wichtig ist und sehr geschätzt wird, aber das ist nicht das Einzige. Es gibt viele Möglichkeiten, die den Frauen gegebenen geistlichen Gaben im Rahmen der von dem Apostel Paulus verfügten Gemeindeordnung einzusetzen. So wie beim Militär etwa 10 Männer für jeden Frontsoldaten arbeiten müssen, so ist auch der Dienst der Unterstützung für Arbeit und Wohlergehen in der Gemeinde erforderlich. Wer vermöchte zu sagen, was wichtiger ist? Könnten wir höhere Ehre haben, als Diener der Gemeinde, Beistand für viele, Mitarbeiter in Christus Jesus genannt zu werden (Röm. 16, 1–3)?

Auf dem Missionsfeld

Unsere besondere Aufmerksamkeit in diesem Abschnitt gilt dem Platz der Frauen auf dem Missionsfeld – einem Gebiet, auf dem Frauen schon seit vielen Jahren eine wichtige Rolle gespielt haben. Seit dem Morgen der Auferstehung, als Maria Magdalene den Auftrag erhielt, hinzugehen und das zu berichten, was sie gesehen und gehört hatte (Joh. 20, 17–18), haben Frauen Zeugnis für ihren Herrn gegeben. Zu Beginn des 19. Jahrhunderts gingen die ersten Missionarinnen aus der westlichen Welt in fremde Länder. Die Namen von einigen sind sehr bekannt (z.B. Mary Slessor, Amy Carmichael, Malla Moe), aber darüber hinaus haben Tausende, deren Namen uns unbekannt sind, das getan, wozu der Herr sie aussandte, und haben sich in stiller Hingabe vom Herrn gebrauchen lassen.

1. Wie kann ich wissen?

Die erste Frage, die sich ergibt, ist: Wie kann ich wissen, ob Gott mich als Missionarin haben möchte? Viel ist darüber geschrieben worden, wie man den Willen Gottes erkennen kann, und es ist zwecklos, an dieser Stelle darüber zu diskutieren. Es hat einmal jemand gesagt: »Unsere Schwierigkeit, Gottes Willen zu erkennen, liegt darin, wie weit wir von ihm entfernt sind.«
Der Gläubige, der bewußt mit dem Herrn wandelt, der ergeben Tag für Tag nach seinem Willen fragt, sich ihm fügt, um ihm in allen Dingen gehorsam zu sein – solch ein Gläubiger wird die Führungen des Herrn Schritt für Schritt erkennen. Die meisten von uns möchten ein vollständiges Schema haben von dem, was Gott mit uns vor hat, aber das ist nicht sein Weg.
Er führt uns zunächst einen Schritt und offenbart uns den nächsten normalerweise erst dann, wenn wir den ersten getan haben. »*So wie du gehst,* Schritt für Schritt, so werde ich dir den Weg öffnen.«

2. Wie bereite ich mich vor?

Unsere wichtigste Voraussetzung als Christen ist, den Herrn in seinem Wort und durch persönliche Erfahrung zu kennen. Tägliche Andachten und regelmäßiges Bibelstudium können durch nichts ersetzt werden, denn Gott hat sich in seinem Wort offenbart. Das gilt nicht nur für Missionare oder nur für Männer. Ob Hausfrauen oder Sekretärinnen, Lehrerinnen oder Fabrikarbeiterinnen, wir alle müssen Zeit und Aufmerksamkeit verwenden auf das, was er sagt, wenn wir ihm wohlgefällig sein wollen.
Vor seiner Himmelfahrt sagte der Herr seinen Jüngern: »Ihr werdet meine Zeugen sein . . . « (Apg. 1, 8). Da ein Zeuge nur das aussagen kann, was er selbst gesehen, gehört und erfahren hat, müssen wir eine gewisse Kenntnis unseres Herrn und Erfahrungen mit ihm haben, um anderen das mitteilen zu können. Ein gerade wiedergeborener Christ kann die Freude über die Vergebung seiner Sünden bekunden; aber ein Missionar muß mehr wissen. Missionare sollten in der Lage sein, diejenigen, die sie zu Christus geführt haben, zu lehren und zu nähren, damit diese fest gegründet im

Glauben sind und zu starken und fruchtbringenden Gläubigen werden, die Versuchungen widerstehen und sich Verfolgungen und Anfeindungen widersetzen können. Mit anderen Worten, bevor jemand die Arbeit einer Missionarin tun kann, muß Gott an ihrem Leben gearbeitet haben. An eine solche Frau kann der Ruf des Herrn ergehen. Er ruft uns an einen in seinem Plan festgelegten Platz – vielleicht in der Heimat, vielleicht in fernen Ländern.

Geschlecht, Alter, Ausbildung, soziale Stellung sind nicht von vorrangiger Bedeutung, und wir brauchen uns darüber zunächst keine Gedanken zu machen. Der Herr, der uns durch und durch kennt, weist uns den Platz zu, den er für uns bestimmt hat. Er beruft uns nicht in eine Aufgabe, ohne uns die Befähigung dafür zu geben.

3. Werden Missionarinnen gebraucht?

Häufig hört man die Frage: »Werden Missionare in der heutigen Welt noch gebraucht?« Die Antwort ist ein uneingeschränktes Ja! Bis der Herr wiederkommt, um seine Gemeinde zu holen, gilt uns der Missionsbefehl (Matth. 28, 18–20). Der Herr Jesus sagt: »Gehet . . . und siehe, ich bin bei euch.«
Aber gelten jetzt nicht andere Voraussetzungen, und sind nicht viele Länder für Missionare geschlossen? Ja, aber es sind noch viele Türen offen, und der erhabene Herr öffnet und schließt die Türen (Offb. 3, 7). Er beherrscht die Weltlage, auch wenn es uns manchmal nicht so scheint. Und außerdem gibt es ja auch noch den missionarischen Dienst in der Heimat.

4. Heutige Dienste

In der heutigen Zeit sind viele Missionarinnen in einer Vielzahl von Diensten:

a) *Auf medizinischem Gebiet*
Vielleicht hat nichts die Türen für die Frohe Botschaft so sehr

geöffnet, wie medizinische Arbeit. Der Herr Jesus ging selbst umher und heilte, und liebevolles Mitleid, das missionarische Krankenschwestern und Ärzte an den Tag legten, hat die Liebe Gottes geoffenbart und oft Menschen zubereitet, der Frohen Botschaft zuzuhören. In Ländern, in denen in der Vergangenheit umfangreiche medizinische Arbeit getan worden ist, übernehmen nun die nationalen Regierungen die Sorge für die Gesundheit ihres Volkes. Aber viele ländliche Gegenden in der Welt brauchen noch missionarische und medizinische Mitarbeiter. In islamischen Gebieten, wo Frauen in ihren Häusern isoliert leben müssen, tun Ärztinnen und Krankenschwestern eine wichtige Arbeit. Medizinische Kräfte sind noch im Dienst und werden auch noch verlangt in Teilen von Afrika, Asien und Lateinamerika.

b) *Auf erzieherischem Gebiet*
In der frühen Zeit der Missionsarbeit waren Tagesschulen ein wesentlicher Teil der Arbeit. Es war nötig, den Christen das Lesen beizubringen, so daß sie selbst die Bibel lesen konnten. In vielen Gebieten waren Missionsschulen die einzigen Schulen. Heute übernehmen viele Regierungen die Schulaufgabe; aber zum Glück wird es den Missionaren noch erlaubt, in vielen Schulen Bibelunterricht zu erteilen. Dann müssen die Schulen für Missionarskinder geleitet werden. Hier werden qualifizierte Lehrkräfte eingesetzt, die die gleichen Voraussetzungen mitbringen, wie sie für den Unterricht in der Heimat erforderlich sind. Einige Missionarinnen lehren wissenschaftliche und wirtschaftskundliche Fächer. Fast alle Missionarinnen sind in irgendeiner Weise als Lehrerinnen tätig – in Sonntagschulen und Bibelklassen.

c) *In der Literaturarbeit*
Es gibt viele Möglichkeiten, Dienst am Schrifttum zu tun. Da ist zunächst das Sprachstudium und die Notwendigkeit, eine noch ungeschriebene Sprache zu Papier zu bringen. Übersetzungsarbeit ist erforderlich, um die Bibel und andere Literatur in neue Sprachen zu übertragen, – Schulen, in denen den Menschen Lesen beigebracht wird. Schriften müssen verfaßt, gedruckt und herausgegeben werden. Sehr wichtig ist die Verbreitung der Literatur durch Buchläden, Postversand und persönlich Verteilung. Frauen sind

überall mit diesen Aufgaben beschäftigt. Emmaus-Bibelkurse bilden einen großen Teil des Literaturdienstes vieler Missionarinnen, und Büro-Erfahrung ist sehr wichtig bei der Leitung der Kurse. Das Schrifttum ist ein hervorragendes Mittel bei der Verbreitung des Evangeliums. Man erreicht damit unzugängliche Gebiete und Länder, die den Missionaren verschlossen sind. Es kann jedoch den persönlichen Kontakt des Missionars nicht vollwertig ersetzen. Noch ist der aufopfernde Dienst des Missionars – das Gespräch von Mensch zu Mensch – der wirksamste Weg, Menschen für Christus zu gewinnen.

d) *In Freizeiten*
Wer Erfahrung in Freizeitarbeit hat, weiß um die Bedeutung dieses Dienstes. Auch Missionarinnen sind der Meinung, daß Freizeitarbeit fruchtbringend ist, und richten sie in vielen Gebieten ein.

e) *In anderen Diensten*
Hierzu gehören 1) Sekretariatsarbeit – sehr wichtig bei Krankenhäusern, Literaturarbeit, Institutionen aller Art; 2) Hilfe bei Zusammenstellung von Radioprogrammen; 3) Leitung von Waisenhäusern oder Jugendherbergen; 4) Arbeit unter Studenten; 5) kunstgewerbliche Arbeit oder Druckgestaltung; 6) Gastfreundschaft anderen Missionaren gegenüber. – Diese Liste kann beliebig fortgesetzt werden! Was auch immer für eine Gabe oder Ausbildung wir haben, auch wenn sie noch so gering ist, sie kann für den Herrn eingesetzt werden, wenn wir uns ihm zur Verfügung stellen. »Seht nur genau zu, wie ihr wandelt, nicht als Unweise, sondern als Weise. Kauft die gelegene Zeit aus, denn die Tage sind böse. Darum seid nicht töricht, sondern versteht, was der Wille des Herrn ist« (Eph. 5, 15–17).

Persönliche Fragen zum Nachdenken

1. Für den Fall, daß ich berufstätig bin, welche Meinung hat mein Arbeitgeber von mir?

_____

_____

_____

2. Was trage ich zur Gemeinde bei? Bemühe ich mich, Gäste anzusprechen? Biete ich meine Hilfe an, wenn Freiwillige gesucht werden? Zeige ich Liebe und Mitgefühl anderen gegenüber?

_____

_____

_____

3. Bete ich namentlich für irgendwelche Missionare, deren Bedürfnisse und Probleme ich kenne? Informiere ich mich über Nöte in aller Welt und Möglichkeiten, Dienste zu tun?

_____

_____

_____

4. Stelle ich mich Gott zur Verfügung, so daß er mir zeigen kann, wo er mich einsetzen möchte?

_____

_____

_____

Beten Sie darum, daß Sie bei Ihrer Beschäftigung Gott verherrlichen; daß Sie in Ihrer Gemeinde möglichst viel arbeiten möchten; daß Sie mehr Interesse an Missionsarbeit und Missionaren gewinnen möchten; daß Sie Gott dort dienen möchten, wo er Sie haben will.

Mein persönliches Gebet

_____

_____

_____

_____

_____

11   Falsche und richtige Freiheit

Bei den Frauenrechtlern scheint es zwei Hauptgruppen zu geben, die beide versuchen, die Rolle der Frau in bezug auf die Gesellschaft, das Berufsleben und ihre Familien zu bestimmen. *Die nicht-christlichen Frauenrechtler* beachten weithin nicht den biblischen Gesichtspunkt. Historisch gesehen, wird von den meisten die Zeit der Gegner der Sklaverei und der Anhänger des Frauenwahlrechtes auch als Beginn der Emanzipation der Frau betrachtet. Zunächst ging es darum, Rechte für die Sklaven zu erringen, und dann für die Frauen, Rechte, die denen gleich waren, die die Männer hatten, besonders auf politischem Gebiet – nämlich das Wahlrecht. Als dies erst einmal gesichert war, folgte die Forderung nach Gleichheit in der Erziehung und in beruflichen Möglichkeiten. Es wurde als Grund hierfür angeführt, daß einige Frauen genauso intelligent seien wie Männer, und sie daher Gelegenheit haben müssen, ihre Intelligenz zu nutzen. Verschiedene Umstände förderten die Stellung der Frauenrechtler. Als die Männer zum Militärdienst eingezogen wurden, konnten die freien Arbeitsplätze gleichwertig von Frauen besetzt werden. Der wirtschaftliche Rückgang machte es erforderlich, daß ein Zweitverdiener zum Erwerb der familiären Bedürfnisse beitrug. Einige künstlerisch begabte Frauen begannen, sich auf diesem Gebiet zu betätigen (manchmal unter einem Decknamen, um die Veröffentlichung nicht zu gefährden). Politischer Druck wurde allmählich eingesetzt, um auf die Gesetzgebung einzuwirken.

Als die Bewegung sich immer mehr durchsetzte, wurden andere Lebensbereiche mit hineingezogen, z. B. die Rolle der arbeitenden Frau. Die Frauen forderten: »Wenn ich so viele Stunden arbeite wie mein Mann, dann bin ich genau so müde wie er, wenn er von der Arbeit kommt; daher sollten wir die Hausarbeit teilen.« So wurde von dem Ehemann erwartet, im gleichen Umfang beizutragen beim Einkauf, bei der Zubereitung des Essens, der Beaufsichtigung der Kinder, dem Hausputz usw. Dies führte zu dem Begriff der »gleichberechtigten Ehen« – Gleichberechtigung bei Entscidungen und Verantwortlichkeiten, bei nur geringen Unterschieden zwischen den Funktionen von Mann und Frau.

Die Vorstellung, daß der Mann die Vorrangstellung in der Familie hat, war für die emanzipierte Frau zu »eingeengt«: Sie hatte nun das Recht, sich die Beschäftigung zu suchen, die sie wünschte; sie war von der Rolle der Hausfrau befreit. Worte wie »männlicher Chauvinist« wurden nun gebraucht – um die Männer zu bezeichnen, von denen man vermutete, daß sie die Frauen unterdrücken und ans Haus fesseln wollten.

Einige dieser frauenrechtlerischen Ziele *sind* wünschenswert. Z. B. werden die meisten von uns zustimmen, wenn gleiche Bezahlung für gleiche Arbeit erwartet wird, gleich, ob sie von einem Mann oder von einer Frau ausgeführt wird. Ebenso war es für viele erstrebenswert, die Stellung der Frau entsprechend zu würdigen.

Der christliche Frauenrechtler greift viel aus der weltlichen Bewegung auf, sucht jedoch nach einer biblischen Grundlage für die eingenommene Haltung. Einige machen geltend, daß die Bibel die Behauptung unterstützt, daß die Frauen den Männern gleich sind. Sie führen bestimmte Bibelstellen nach ihrer Wahl an. Einige sagen, daß die Bibel nur Richtlinien gibt, die unter den heutigen Zeitumständen gesehen werden müßten – daß Anordnungen, die für die Gemeinden und Gläubigen des 1. Jahrhunderts niedergelegt wurden, wegen der andersartigen Gegebenheiten und Kulturen nicht unbedingt notwendig für die Christen des 20. Jahrhunderts bindend sein müßten (sie sagen manchmal, daß die Bibel mit der Zeit gehe, wobei ein Schreiber wie Paulus seine Meinung ändere, weil seine Einstellung zu Frauen »heranreife«. Sie schweigen merkwürdigerweise, wenn es um die Inspiration der Schrift geht – 2. Tim. 3, 16).

Christliche Frauenrechtlerinnen scheinen am meisten darüber aufgebracht zu sein, daß sie zu wenig Gelegenheit haben, ihre Gaben einzusetzen, weil sie nicht öffentlich reden dürfen. Sie meinen, daß man sie überwachen und diskriminieren würde. Sie sagen, daß die Bibel in bezug auf die geistlichen Gaben keinen Unterschied zwischen Mann und Frau mache und damit haben sie Recht. In den Abschnitten, die sich auf geistliche Gaben beziehen, wird keine Gabe erwähnt, die nur für Männer bestimmt ist (s. 1. Kor. 12). Aber der Herr macht einen Unterschied zwischen Mann und Frau, wenn es um die *Anwendung* der Gaben bei den Zusammenkünften der Seinen geht, und er hat dazu ganz sicher das Recht. Mit den geistlichen Gaben werden wir uns noch im folgenden Kapitel beschäftigen und dann im einzelnen darauf eingehen.

Wortführer der christlichen Frauenrechtlerinnen stoßen sich besonders daran, daß die Frauen in einer hierarchischen Eheform Untergeordnete sein sollen. Sie widersetzen sich der männlichen Vorherrschaft. Sie sagen, daß alle Christen sich einander unterordnen sollen (sie halten sich an Eph. 5, 21, jedoch nicht an V. 22!). Sie sehen das übliche Eheverhältnis als eine »Einbahnstraße«, wobei die Frauen alles tun müßten, was mit Nachgeben zusammenhängt: sich unterordnen, den Männen nachgeben, ihre »Rechte« aufgeben. Sie verlangen Gleichheit auf allen Gebieten des Lebens, einschließlich Ehe, Geschäfts- oder Berufsleben und Dienst in der Gemeinde. Dies kommt klar zum Ausdruck bei der Forderung des Priesterdienstes für Frauen.

Ein weit verbreitetes Argument aller Frauenrechtler ist, daß Jungen und Mädchen schon in ihrer frühen Kindheit dahingehend unterwiesen werden, daß sie sich wie ein Junge (später ein Mann) oder wie ein Mädchen (später eine Frau) zu benehmen haben. Diese Unterweisung in ihrem Geschlecht, so sagen sie, beruhe auf der veralteten Ansicht, daß die Frau zierlich, gefühlsbetont, mütterlich, in der Welt der Männer etwas hilflos sei; der Mann dagegen sei der Unterhaltsverdiener, stark und überlegen in sportlichen Leistungen sowie auf technischem und finanziellem Gebiet. Sie sagen, daß diese Betonung des Geschlechts künstlich hervorgehoben würde. Ist das wirklich so? Haben die natürlichen körperlichen Unterschiede keine Bedeutung?

»Freiheit« ist die Losung. Frauen müssen befreit werden von der Betonung des Geschlechtes, von der Herrschaft der Männer, von der Rolle der typischen Hausfrau. Sie müssen erkennen, welche Möglichkeiten sie in den einzelnen Lebensbereichen haben. Zur Untermauerung dieser Forderungen suchen die christlichen Frauenrechtler nach biblischen Belegstellen. Sie schreiben es Paulus zu (obwohl sie ihn einen »männlichen Chauvinisten« nennen, und trotz seiner jüdischen Erziehung), daß er den Gedanken der Gleichheit der Geschlechter begründet habe – »Da ist nicht Mann und Frau, denn ihr alle seid eins in Christus Jesus« (Gal. 3, 28).

War es wahrscheinlich, daß Paulus »seine Meinung änderte« (wie manche sagen), indem er in einem Brief dieses und in einem anderen etwas anderes schrieb? Oder schrieb er unter der Leitung des Heiligen Geistes? Suchen die Frauenrechtler unter den Aussagen des Paulus und wählen sie etwas davon aus – »Dieses akzeptieren wir; jenes lehnen wir ab«? Könnte jemand soviel Autorität haben, um Gottes Wort zu beurteilen, zu entscheiden, was von Gott und was nur von Paulus ist? Wenn nicht die Bibel maßgebend ist – und zwar die ganze Bibel – dann hätten wir *keine* Autorität, auf die wir unser Leben gründen können. Wenn wir *die Verse,* die die Frauen-rechtler heraussuchen, *in dem Zusammenhang* betrachten, in dem sie stehen, dann haben wir keinen Zweifel daran, daß die Lehren des Paulus übereinstimmend waren, und daß das, was er schrieb, Wort Gottes war und ist (1. Kor. 14, 37).

Die *christliche Freiheit* der Frau kommt darin zum Ausdruck, daß sie die gesamte Bibel als Gottes Wort anerkennt und danach trachtet, Gottes Anordnungen genau zu befolgen. Wahre Freiheit ist die Folge von Gehorsam. Wir haben kein Recht, Gottes Anordnungen infrage zu stellen – kein Recht, dort ein Fragezeichen zu setzen, wo Gott einen Punkt gesetzt hat.

Ein chinesisches Sprichwort erzählt von zwei Männern, die am Ufer eines Flusses wandelten und dort einen besonders schönen Baum sahen. Einer der Männer bemerkte traurig, daß der arme Baum sich nicht von jener Stelle fortbewegen könnte. Sicherlich sollte doch ein solcher Baum frei sein! So zogen sie ihn fort, um ihm die Freiheit zu geben!

Die Pointe liegt auf der Hand. Der Baum war frei und schön auf dem Platz, der ihm zugewiesen war, aber dann ging er ein. So sind wir frei – freudig frei – wenn wir Gottes Plan folgen und den Platz akzeptieren, den er uns bestimmt hat. Solange der Zug auf den Schienen bleibt, kann er sich fortbewegen. Solange ein Segelboot sich vom Winde treiben läßt, bleibt es in seiner Freiheit.

Gott hat in seiner Weisheit den Mann als das Haupt und die Frau als seine Ergänzung und Gehilfin eingesetzt. Er hat für jeden die dazu passende Rolle entworfen und hat uns in jeder Hinsicht so ausge-stattet, daß wir diese Rollen zu seiner Zufriedenheit ausfüllen können. Könnte Gott, der weise und liebende Schöpfer, irgend etwas für uns vorgesehen haben, das nicht vollkommen wäre? Das

Geheimnis, daß wir es erfüllen können, liegt darin, daß wir Gottes Plan akzeptieren. Das zufriedengestellte Herz kennt wahre Freiheit.

Bedeutet das, daß eine Frau nicht schöpferisch tätig werden darf? Bedeutet das, daß sie ans Haus gefesselt ist? Nein! Die vorherigen Lektionen, die von Frauen des Alten und Neuen Testamentes handelten, beweisen, daß der Dienst der Frauen nicht auf das Heim begrenzt ist (s. Spr. 31). Die Frau, die Gott dient, die zuhört und gehorcht, ist überaus zufrieden sogar in schwierigsten und scheinbar ausweglosen Situationen. Wie könnte uns die Beschäftigung mit dem unendlich großen, ewigen Gott unbedeutende und nichtige Erlebnisse bringen? Die Frau, die danach trachtet, Gott wohlgefällig zu sein, der es Freude bereitet, seinen Willen auszuführen, in deren Leben Gott und nicht sie selbst im Mittelpunkt steht, diese Frau wird erfahren, daß Gott ihr gibt, was ihr Herz wünscht (Ps. 37, 4).

Das Suchen nach Selbstbestätigung *um seiner selbst willen* führt unweigerlich zu einer unfruchtbaren und einsamen Selbstsucht. Der Weg zu wirklichem Glück und zur Erfüllung ist nicht, sich selbst zu suchen, sondern sich selbst in Liebe zu geben.

Persönliche Fragen zum Nachdenken

1. Erwägen Sie die Aussagen der christlichen Frauenrechtler im Lichte der Lehren und der Bedeutung des Wortes Gottes?

2. Welche Einstellung hat mir nach meiner Erfahrung mehr Freude gemacht – Selbstsucht oder Selbstaufgabe in Liebe?

Beten Sie zu Gott, daß er Ihnen helfen möge, die Aussagen der christlichen Frauenrechtler im Lichte des Wortes Gottes zu prüfen; daß Sie eine solche Einstellung haben möchten, die Sie zu einer Frau nach den Gedanken Gottes macht.

Mein persönliches Gebet

_____

_____

_____

_____

_____

12 Geistliche Gaben

(Röm. 12, 4–8; 1. Kor. 12, 7–11 und 27–31;
Eph. 4, 7. 8. 11–13)

Welche geistlichen Gaben sind für die Männer? Welche für die
Frauen? Das Studium dieses Themas zeigt, daß *keine* Gabe nur für
ein Geschlecht bestimmt war. Wenn wir die Gaben betrachten,
dann denken Sie daran, daß Sie jede von ihnen haben können!

Definition

Eine geistliche Gabe ist eine besondere Fähigkeit, die einem
Gläubigen dank Gottes Gnade verliehen worden ist, zur Erbauung,
Ermahnung und Tröstung seines Volkes. Das neutestamentliche
Wort für »Gabe« ist *Charisma* (aus dem Griechischen charis, was
soviel wie Gnade bedeutet). Mit anderen Worten, diese Gaben sind
nicht menschlichen Ursprungs, sondern werden durch Gottes
Gnade nach seiner freien Wahl geschenkt, »so wie es ihm gefallen
hat«. Sie werden gegeben »zur Ausrüstung der Heiligen für das
Werk des Dienstes, für die Auferbauung des Leibes Christi« (Eph.
4, 12). Das heißt, sie sind zum Dienst gegeben, nicht, um sich nur
selbst daran zu erfreuen.

Von wem kommen die Gaben?

In den drei Hauptstellen der Heiligen Schrift, in denen die geistlichen Gaben behandelt werden, sehen wir jede Person der göttlichen
Drei! Einheit als Ursprung von Gaben: Römer 12, 3: ». . . wie
Gott einem jeden das Maß des Glaubens zugeteilt hat.« Epheser 4,
7: »Jedem einzelnen von uns aber ist die Gnade nach dem Maß der
Gabe *Christi* gegeben worden.« 1. Korinther 12, 1–11: »Was aber
die geistlichen Gaben betrifft . . . alles aber wirkt ein und derselbe
Geist und teilt jedem besonders aus, wie er will.«

Beschreibung

Lesen Sie die folgenden Stellen sorgfältig und schreiben Sie dabei die Gaben auf: Römer 12, 4–8; 1. Korinther 12, 7–11 u. 27–31, Epheser 4, 7. 8. 11–13.

Man kann die geistlichen Gaben in drei Gruppen einteilen: *Gaben des Redens, Gaben des Dienstes, Gaben der Wunderwirkungen.*

So wie hier zusammengefaßt:

A. *Gaben des Redens*
Apostel
Propheten
Evangelisten
Hirten
Lehrer
Ermahner
Wort der Erkenntnis
Wort der Weisheit

B. *Gaben des Dienstes*
Hilfeleistungen
Mitteilen
Vorstehen
Barmherzigkeit
Glaube
Unterscheidung der Geister

C. *Gaben der Wunderwirkungen*
Wunderkräfte
Heilungen
Zungenreden
Auslegen von Zungenreden

A. Gaben des Redens

1. *Apostel:* »Apostel« kann sowohl eine allgemeine, als auch eine spezielle Bedeutung haben. Das Wort bedeutet »Gesandter«

und entspricht unserem Wort »Missionar«. Im allgemeinen Sinn ist jeder Gläubige ein Missionar, ausgesandt mit einer Botschaft. Im besonderen Sinn war die Gabe des »Apostels« jedoch auf die zwölf Jünger begrenzt, die von Anfang seines Dienstes an bei dem Herrn Jesus waren, die einen besonderen Auftrag von ihm hatten und die Zeugen seiner Auferstehung waren. Sie legten den Grund der Gemeinde (Eph. 2, 20), hatten besondere Autorität und wurden bestätigt durch besondere Zeichen. Diese besondere Gabe war in der ersten Zeit der Gemeinde nötig.

2. *Propheten:* Auch hier haben wir eine allgemeine und eine spezielle Bedeutung. Der Prophet sagt voraus, und der Prediger, der eine Voraussage als Botschaft von Gott gibt, ist ein Prophet. Die besondere Prophetengabe ist es jedoch, durch *eine besondere Offenbarung* eine Botschaft von Gott zu erhalten und sie zu erklären. Diese Gabe war notwendig zu der Zeit, als das Neue Testament geschrieben wurde, aber nicht mehr, als alle Bücher der Bibel vorlagen. Gottes gesamte Botschaft war damit niedergeschrieben, und keine neue Offenbarung konnte noch hinzugefügt werden.

3. *Evangelisten:* Diese Gabe ist die besondere Fähigkeit, das Evangelium eindeutig an Ungläubige weiterzugeben, wobei es zu Bekehrungen kommt. Hier kommt persönliche Evangelisation in Frage und auch öffentliche Verkündigung. Zweifellos können wir den Dienst eines Evangelisten tun, auch wenn wir nicht die besondere Gabe hierzu haben (2. Tim. 4, 5).

4. *Hirten:* Diese haben die besondere Fähigkeit, für die Mitgläubigen zu sorgen – sie zu führen, zu nähren, vor Bösem zu schützen, so wie ein Schäfer für seine Schafe sorgt.

5. *Lehrer:* Bei dieser Gabe handelt es sich um die außergewöhnliche Fähigkeit, die Wahrheiten des Wortes Gottes zu erklären und sie wirksam anzuwenden – nicht nur als Information weiterzugeben, sondern andere zum praktischen Bibelverständnis zu führen.

6. *Ermahner:* Dieser Dienst wird an Mitgläubigen getan, um sie auf dem Weg der Nachfolge zu halten oder sie zu ermutigen, wenn sie in Verfehlungen oder Versuchungen fallen. Er oder sie ist ein geistlicher Ratgeber.

7. *Wort der Erkenntnis:* Diese Gabe ermöglicht es dem Gläubigen,

die Belehrungen des Wortes Gottes zu erforschen und zusammenzufassen, einen tiefen Einblick in die göttlichen Wahrheiten zu bekommen und ihn anderen mitzuteilen.

8. *Wort der Weisheit:* Diese Gabe umfaßt die Anwendung biblischer Wahrheiten auf die Bedürfnisse und Probleme des täglichen Lebens, wobei die Erkenntnis des Wortes in der Praxis zur Auswirkung kommt.

B. Gaben des Dienstes

1. *Hilfeleistungen:* Diese Gabe befähigt, hinter den Kulissen treu zu dienen, das Werk des Herrn auf praktische Weise zu unterstützen und gleichzeitig andere in geistlicher Hinsicht zu ermutigen und zu stärken. Hierzu gehört auch der wichtige Dienst des Gebets und der der Gastfreundschaft, der im Neuen Testament so hoch bewertet wird.

2. *Mitteilen:* Das ist die von Gott gegebene Fähigkeit, aus sich heraus von seinem Eigentum für das Werk des Herrn und für die Seinen zu geben – als Opfer, in Weisheit und mit Freuden.

3. *Vorstehen:* Wer diese Gabe besitzt, ist in der Lage, Ziele zu setzen, andere anzuspornen, Pläne in die Tat umzusetzen, durch welche das Werk des Herrn gefördert und seinem Volk Gedeihen zukommt.

4. *Barmherzigkeit:* Dies ist die von Gott gegebene Fähigkeit, Leidenden in der Gemeinde praktische, mitfühlende Liebe zu erweisen – nicht nur durch Wort, sondern durch tätige Selbsthingabe.

5. *Glaube:* Hier ist natürlich mehr gemeint als nur der rettende Glaube; hier geht es darum, zu sehen, daß Gott etwas getan haben möchte, und zu glauben, daß Gott selbst es tun wird, auch wenn es unmöglich erscheint. Wer diese Gabe hat, »nimmt große Aufgaben für Gott in Angriff«.

6. *Unterscheidungen der Geister:* Obwohl jeder Gläubige die Aufgabe hat, die Geister zu prüfen (1. Joh. 4, 1), haben doch einige die besondere Gabe der Unterscheidung – nämlich den Geist der Wahrheit von dem Geist des Irrtums; sie vermögen zu unterscheiden zwischen dem, was aus Gott ist und dem, was

vorgibt, von Gott zu sein. Diese Gabe war besonders nötig in der Zeit, bevor das Neue Testament abgeschlossen wurde.

C. Gaben der Wunderwirkungen

1. *Wunderkräfte:* Bei dieser Gabe handelt es sich um die Fähigkeit, aus übernatürlicher Kraft Werke zu tun und Wunder zu wirken, wodurch der Bote und seine Botschaft als von Gott bevollmächtigt bestätigt wird. Diese Gabe war im wesentlichen in der apostolischen Zeit nötig.
2. *Heilungen:* Mit dieser Gabe können durch übernatürliche Kraft die verschiedensten Krankheiten geheilt werden. Es scheint eine Gabe zu sein, die nur zeitweilig in der ersten Zeit der Gemeinde vorhanden war und durch die die apostolische Verkündigung bestätigt werden sollte.
3. *Zungenreden und Auslegen von Zungenreden:* Das ist die übernatürliche Fähigkeit, in einer Sprache zu reden, die andere kennen, die der Redende selbst aber nie gelernt hat. Auch diese Gabe war charakteristisch für die apostolische Zeit und wurde gegeben, um den Boten und seine Botschaft zu bestätigen.

Die drei Gaben der Wunderwirkungen unterscheiden sich von den anderen Gaben dadurch, daß uns nirgends *empfohlen* wird, sie auszuüben. Wir finden keine Ermahnungen, Wunder zu tun, zu heilen oder in Sprachen zu reden. Es wird aber von uns allen erwartet, uns in einem bestimmten Maße bei der Evangelisation zu betätigen (Mark. 16, 15), oder als Hirten (Gal. 6, 2. 10), zu lehren (Kol. 3, 16), zu spenden (1. Kor. 16, 2) usw.

Wie erkenne ich meine Gaben?

Wie kann ich wissen, welche Gabe ich habe? Die beste Möglichkeit ist, es mit einer zu versuchen. Aufrichtiges Bemühen unter Gebet kann durch folgende Punkte bestätigt werden:
1. Macht es mir Freude, es zu tun? Sie *werden* Freude haben, wenn Sie das tun, wozu Gott Ihnen die Gabe geschenkt hat.

2. Bestätigen andere, daß ich diese Gabe habe? Andere können meistens Ihre Arbeit besser bewerten als Sie selbst. Es kommt zu leicht zu Selbsttäuschung.
3. Dient es zur Verherrlichung Gottes, zur Auferbauung des Leibes des Christus?

Die Entfaltung der Gaben

Ganz praktisch gesehen, ist Beharrlichkeit, Sorgfalt und harte Arbeit vonnöten, um eine Gabe zur Entfaltung zu bringen und Gelegenheiten zu finden, sie anzuwenden. Gott erwartet jedoch von uns, sie redlich zu nutzen. »Wie jeder eine Gnadengabe empfangen hat, so dient damit einander *als gute Verwalter* der verschiedenartigen Gnade Gottes« (1. Petr. 4, 10). *»Vernachlässige nicht* die Gnadengabe in dir . . . « (1. Tim. 4, 14). ». . . erinnere ich dich, die Gnadengabe Gottes anzufachen, die in dir . . . ist« (2. Tim. 1, 6).
Alle Gaben, die das Haupt gibt, werden benötigt für das organische Wachsen und Funktionieren des Leibes des Christus, genau so wie z. B. die Pikkolo-Flöte ihre notwendige Rolle in einem großen Orchester spielt und ihr Fehlen auffallen würde. Alle Gläubigen, Männer und Frauen, haben die Verantwortung, ihre Gaben zu nutzen, um sich damit gegenseitig zu bereichern.
Und doch, der Apostel Paulus schrieb: »einen Weg noch weit darüber hinaus zeige ich euch«, etwas, was wichtiger ist als Besitz und Anwendung von Geistesgaben. Er wies darauf hin, daß es nötig ist, Liebe zu haben (1. Kor. 12, 31 – 13, 13). Die Anwendung von Geistesgaben ohne Liebe bringt keinen Segen. Der Gläubige aber, der seinen Weg in Liebe zu Gott und zu den Mitgläubigen geht, wird ein Segen für seine ganze Umgebung sein.
Die Frucht des Geistes (Gal. 5, 22–23) im Leben eines Gläubigen ist vor Gott wertvoller als die aufsehenerregendste Gabe. Wir müssen daher vorsichtig sein, wenn wir unsere Gaben entdecken und reifen lassen wollen, daß wir nicht das rechte Verhältnis verlieren – nicht das wichtigere vernachlässigen, den vorzüglicheren Weg – den Weg der Liebe.
Im Anfang dieses Buches haben wir erwähnt, daß wir keine höhere

Ehre haben könnten, als das zu *sein*, was wir nach Gottes Willen sein sollen. Wir haben bei diesem Studium des Wortes Gottes viel gelernt, aber die einfachste und doch tiefgründigste Feststellung, was wir nach Gottes Gedanken sein sollen – was ihm wohlgefällig ist – ist, daß wir »dem Bilde seines Sohnes gleichförmig« sein sollen (Röm. 8, 29).

Dahin kommen wir, wenn sich unsere Herzen mit dem Christus beschäftigen und wenn wir sein Wort in uns wohnen lassen. Wir erreichen das nicht durch menschliches Bemühen oder Streben, sondern dadurch, daß wir uns Tag für Tag Gott ausliefern. Der Heilige Geist, der in unseren Herzen wirkt, führt uns dann dahin, daß wir unserem Herrn ähnlich und so eine Frau werden, wie sie nach den Gedanken Gottes sein soll.

Persönliche Fragen zum Nachdenken

1. Habe ich meine geistliche Gabe erkannt?

2. Nutze ich sie zum Wohle der Gemeinde?

3. Wende ich sie in Liebe an?

Beten Sie zu Gott, daß er Ihnen helfen möge, Ihre geistliche Gabe zu erkennen und sie zu nutzen zum Wohle anderer, und daß Sie sie in Liebe und zur Verherrlichung seines Namens anwenden.

Mein persönliches Gebet

_____

_____

_____

_____

_____

Nachwort

Dieses Buch hat den Zweck, die Wesenszüge der Frau herauszustellen, wie sie nach den Gedanken Gottes sein soll, und persönliche Anregungen zu geben, wie man eine solche Frau werden kann. Ist es möglich, daß wir wirklich in unserem Leben und in unserer Wesensart Gott wohlgefällig werden können?

Viele Frauen meinen nein. Sie sind der Ansicht, daß sie dazu nicht die Voraussetzungen mitbringen – sie haben ein Gefühl geistiger Minderwertigkeit – fürchten zu versagen – so daß sie nicht in der Lage sind, an andere heranzureichen. Vielleicht ist dieses Gefühl in der Gemeinde bei den Frauen genährt worden, die (fälschlicherweise) dachten, daß sie als »zweitklassig« angesehen würden. Sie fühlen sich immer in einer Verteidigungsstellung und fürchten sich, zu handeln, weil sie dabei versagen könnten. Ein Fehlschlag würde Verwirrung und Demütigung bringen; daher wollen sie lieber sicher gehen und tun gar nichts.

Dieser Mangel an Selbstvertrauen ist eine ernste Angelegenheit. Henry Ford sagte einmal: »Die Vorstellung, die jemand von sich selbst hat, setzt mehr als alles andere die Grenzen für das, was er erreicht.« Deshalb verhalten wir uns auch vielfach ängstlich, unsicher, kraftlos, und fühlen uns in unserer Rolle sehr unbehaglich.

Die Antwort auf dieses Problem ist, sich auf die geistliche Seite des Lebens zu besinnen und darüber nachzudenken. Fühlen Sie sich minderwertiger oder unbedeutend? Denken Sie daran, *Gott* liebt Sie – genau so, wie Sie sind – Sie sind ihm wertvoll (Joh. 3, 16 – 1. Joh. 4, 9. 10). Er hat Sie so sehr geliebt, daß er seinen Sohn für Sie in den Tod gab, damit Ihre Sünden vergeben und Sie sein Kind werden konnten. Wenn Sie den Herrn Jesus gebeten haben, Ihr Erretter zu werden, dann *sind* Sie ein Kind Gottes (Joh. 1, 12). Gott hat Sie angenommen – Sie gehören ihm (Eph. 1, 6). Gibt Ihnen das nicht Auftrieb bei Ihrer Selbst-Beurteilung? Erinnern Sie sich dann weiter daran, daß, da Sie nun ein Kind Gottes sind, er in Ihrem Leben arbeitet, um Sie zu einer Frau umzuformen, an der er

Wohlgefallen haben kann (Phil. 2, 13). Sollte ihm das nicht gelingen (Phil. 1, 6)? Fühlen Sie sich nun immer noch ungeeignet, um mit Ihren Lebensaufgaben fertig werden zu können? Dann denken Sie daran, daß der Herr *allezeit* bei Ihnen ist, um Sie »zu jedem guten Werke« auszurüsten (2. Kor. 9, 8). Sie stehen nicht allein im Leben – Sie haben den Geist Gottes, der in Ihnen wohnt (Joh. 14, 16–17). Wird er nicht mit jeder Situation fertig? Wenn Sie von seiner Gegenwart überzeugt sind und sich ihm übergeben, dann werden Sie auch jede Situation meistern.

Wir müssen allerdings noch einmal betonen, daß Sie, wenn Sie den Herrn Jesus *nicht* angenommen haben, auch kein Kind Gottes sind. Dann sind Sie nicht in Gottes Familie hineingeboren, denn die Wiedergeburt kommt durch den Glauben an Jesus Christus (Gal. 3, 26). Und wenn Sie den von Gott gesandten Erretter nicht aufgenommen haben, dann gibt es keine Möglichkeit für Sie, eine Frau zu werden, an der Gott Wohlgefallen hat. Sie können dann nicht damit rechnen, daß Gott bei Ihnen ist und Ihnen hilft – Sie müssen allein mit Ihrem Leben fertig werden, müssen sich auf Ihre eigenen Kräfte verlassen.

Es hat einmal jemand »Frieden« definiert als »bewußten Besitz zuverlässiger Hilfsquellen«. Die Quellen unserer Kraft in Christus sind unermeßlich groß (Eph. 1, 19–20; 3, 20). Der innere Friede, den wir dadurch bekommen, ermöglicht es uns, von uns wegzusehen und den Druck der immer neuen Frage loszuwerden, welchen Eindruck mache ich auf andere. Aus unserem inneren Frieden und unserer inneren Sicherheit heraus, die wir durch den Herrn bekommen, erkennen wir, daß wir vor Menschen keine Angst haben müssen – wir sind nicht so leicht zu verletzen. Dann können wir beginnen, uns wirklich um das Wohlergehen und das Glück anderer zu kümmern. Wir können lieben, weil wir wissen, daß wir geliebt werden (1. Joh. 4, 19). Wenn wir uns um andere bemühen, so kann das denen wiederum eine Hilfe sein, selbst zu einer neuen anderen Einstellung zu kommen.

Gott sieht uns nicht als solche, die versagen, und als Sünder. Er sieht uns »in Christus«, seinem geliebten Sohn – er sieht uns so, wie wir sein sollen, gleichförmig dem Bilde seines Sohnes (1. Joh. 3, 2).

Können Sie nun noch sagen: Ja, aber? (z. B. ich bin nicht anziehend, ich weiß nicht, was ich den Menschen sagen soll, ich bin wirklich zu nichts nütze, ich habe nicht die richtige Ausbildung dazu, ich bin körperlich behindert usw.). Dann sind Sie einfach nicht bereit, den Weg, den Gott für Sie vorgesehen, und die Umstände, in die er Sie hineinversetzt hat, zu akzeptieren. *Er* hat Sie gemacht und hat Sie an Ihren Platz gestellt – um zu seinem Ziel zu kommen. Belasten Sie sich nicht damit, daß Sie schwach sind; Gott weiß alles darüber. *Und doch* hat er einen Plan für Ihr Leben. Erkennen Sie, daß Sie in Gottes Augen wertvoll sind. Sehen Sie sich selbst so, wie er es tut. Lassen Sie sich von ihm beurteilen, nicht von den Mitmenschen. Gott hat Sie erwählt, Sie geliebt, Sie um einen hohen Preis erkauft, weil Sie wichtig und wertvoll für ihn sind. Sehen Sie auf ihn, suchen Sie seinen Willen und die Kraft, die er Ihnen gibt, und Sie werden mit Lob und Dank erfüllt, wenn Sie sehen, was er in Ihnen und durch Sie tun kann.

»Gott – sein Weg ist vollkommen . . . Gott macht meinen Weg untadelig« (Ps. 18, 31. 33).